« Comment sommes-nous arrivés ici ? » L'orthodoxie en Occident

« Comment sommes-nous arrivés ici ? » L'orthodoxie en Occident, Volume 2

Père Thomas Hopko et coll.

Published by Stéphane Bigham, 2024.

While every precaution has been taken in the preparation of this book, the publisher assumes no responsibility for errors or omissions, or for damages resulting from the use of the information contained herein.

« COMMENT SOMMES-NOUS ARRIVÉS ICI ? » L'ORTHODOXIE EN OCCIDENT

First edition. August 23, 2024.

Copyright © 2024 Père Thomas Hopko et coll..

ISBN: 979-8224026968

Written by Père Thomas Hopko et coll..

« Comment sommes-nous arrivés ici ? »
L'orthodoxie en Occident

Une anthologie d'articles
sur l'Église orthodoxe et son enracinement dans le monde occidental
Vol. 2

Père Thomas Hopko et coll.

Stéphane Bigham
Éditeur
2024

Table des matières

Nectaire Hatzimichali
28. Une génération spontanée l'orthodoxie en Ouganda
Jean Bruls

Préface

L'inspiration pour ce recueil d'articles se trouve dans un cours que j'ai donné à l'Université de Sherbrooke sur l'Occident et l'orthodoxie chrétienne. J'ai assemblé pour les étudiants un certain nombre d'articles, déjà en français ou traduits, qui les auraient aidés à mieux comprendre ce phénomène : l'apparence soudaine et inattendue d'un nombre considérable de chrétiens orthodoxes sur le sol de l'Europe occidentale et dans le Nouveau Monde. Quelques années plus tard, j'ai redécouvert un cartable contenant les articles et je pensais qu'ils pourraient servir à comprendre un nouveau phénomène : l'intégration, soudaine et inattendue, d'un certain nombre de « jeunes » hommes et femmes — de tous âges — à la paroisse orthodoxe Saint-Benoît-de-Nursie, Montréal, Québec. Venant de plusieurs origines — athée, protestante, catholique — ces derniers se nourrissent du repas spirituel qu'offre l'Église orthodoxe, mais ils ne connaissent presque rien de l'implantation de l'Église orthodoxe sur leur territoire, le Québec moderne, une Église qui semble étrange et exotique à des yeux occidentaux. Puisque l'Église a le devoir d'aller vers ceux qui cherchent, consciemment ou inconsciemment, la Vérité, c'est-à-dire le Christ, et de ne pas attendre que des « étrangers » viennent frapper audacieusement à la porte de nos ambassades ecclésiastiques établies en sol « pas de chez nous », j'ai eu l'idée de me servir de ces articles pour combler un manque de connaissance chez les nouveaux arrivés. Ils peuvent se poser la question : comment suis-je arrivé(e) ici ? Est-ce une secte ? Est-ce trop bizarre ? J'ai donc trié les articles, en choisissant les plus utiles, pour informer les paroissiens, anciens et de fraîche date, de comment l'Église du Christ est arrivée ici et comment une petite paroisse sur un coin de l'Amérique participe à un effort missionnaire qui dure maintenant plus d'un siècle. Je dis *missionnaire*, mais les orthodoxes ne se sont pas tous trouvés dans la diaspora orthodoxe en Occident pour prêcher l'Évangile ; plusieurs étaient des réfugiés économiques ou politiques, mais, quelle que soit leur motivation première de venir ici — et pour nous « ici » veut dire le Québec du XXIe siècle — ils ont apporté avec eux l'Église orthodoxe, l'Église du Christ. Et certains, sachant que l'Église n'était pas un club d'« expatriés » naufragés sur une autre planète, mais qu'elle est le Corps du Christ et essentiellement missionnaire, ont interprété leur atterrissage en Occident comme un acte providentiel : le Seigneur les a placés ici à fin d'enraciner son Église sur un sol nouveau pour que, après des siècles, un nouvel arbre produise un nouveau fruit qui lui sera agréable. Alors, j'espère que les articles de cette anthologie seront utiles aux nouveaux paroissiens et à ceux qui cherchent, les aidant à s'enraciner dans leur propre patrie, à participer à une grande aventure : être apôtre de notre Seigneur, Dieu et Sauveur, Jésus-Christ.

On pourrait se demander pourquoi cette série traite souvent, trop pour certains, des Russes et de l'Église russe. La raison est très simple : c'est l'Église russe — malgré tout ce que l'on peut dire de ses défauts — qui est arrivée en Amérique du Nord avec un message missionnaire. Ce n'étaient ni les Grecs, ni les Roumains, ni les Ukrainiens, ni les Bulgares, ni les Serbes, ni les Albanais qui, à leur débarquement, avaient cette mentalité. En général, ces chrétiens orthodoxes sont arrivés ici pour des raisons politiques ou économiques. Ils ont ajouté, grâce à Dieu, le poids de leur nombre et la ferveur de leur foi aux efforts des Russes, mais ils n'ont pas apporté avec eux une vision missionnaire pour le Nouveau Monde. Pour la plupart, les orthodoxes arabophones du Moyen-Orient cherchaient une meilleure vie économique ou fuyaient des persécutions religieuses, mais, assez vite, ils se sont adaptés à leur nouvelle patrie et ont adopté — pas tous, par contre — plusieurs aspects de la vision missionnaire des Russes. On ne peut pas dire que tous les Russes étaient de fervents et courageux promoteurs d'une Église orthodoxe locale orientée vers de nouvelles langues et cultures. Néanmoins, c'est grâce à l'esprit et à la vision missionnaires de l'Église russe que pourrait s'enraciner ici un nouvel arbre portant un fruit qui a une saveur, à la fois, orthodoxe et locale. Merci à nos prédécesseurs.

Stéphane Bigham

7.

La foi orthodoxe[1]

« L'histoire de l'Église : le XXe siècle »

Père Thomas Hopko

Mgr Tikhon

7.1 L'orthodoxie en Amérique : Première partie de la mission russe à l'Église orthodoxe en Amérique (ÉOA) (OCA)

7.1.1 Le métropolite Tikhon

En 1898, l'évêque Tikhon (Belavin) (1866–1925) devint le chef du diocèse missionnaire des îles Aléoutiennes et de l'Alaska de l'Église orthodoxe russe. En 1900, le nom de ce diocèse fut changé en diocèse des îles Aléoutiennes et de l'Amérique du Nord. En 1905, le Saint Synode de l'Église russe éleva le diocèse au rang d'archidiocèse, l'évêque Tikhon devenant ainsi archevêque.

En 1904, le siège de l'archidiocèse américain fut déplacé de San Francisco à New York, dans la nouvelle cathédrale Saint-Nicolas dans le nord de Manhattan. En 1905, le monastère et l'orphelinat de Saint-Tikhon furent fondés à South Canaan, en Pennsylvanie, grâce à la vision entreprenante et au travail acharné du père Arsène (Chagovtsov) (1866–1945), le prêtre-moine de la paroisse de Mayfield, en Pennsylvanie, qui devint plus tard l'archevêque Arsène de Winnipeg.

En 1898, l'évêque Tikhon (Belavin) (1866–1925) devint le chef du diocèse missionnaire des îles Aléoutiennes et de l'Alaska de l'Église orthodoxe russe. En 1900, le nom de ce diocèse fut changé en diocèse des îles Aléoutiennes et de l'Amérique du Nord. En 1905, le Saint Synode de l'Église russe éleva le diocèse au rang d'archidiocèse, l'évêque Tikhon devenant ainsi archevêque.

En 1904, le siège de l'archidiocèse américain fut déplacé de San Francisco à New York, dans la nouvelle cathédrale Saint-Nicolas dans le nord de Manhattan. En 1905, le monastère et l'orphelinat de Saint-Tikhon furent fondés à South Canaan, en Pennsylvanie, grâce à la vision entreprenante et au travail acharné du père Arsène (Chagovtsov) (1866–1945), le prêtre-moine de la paroisse de Mayfield, en Pennsylvanie, qui devint plus tard l'archevêque Arsène de Winnipeg.

Le premier Sobor panaméricain

Le premier Sobor (conseil) panaméricain de l'Église en Amérique eut lieu en 1907 à Mayfield, en Pennsylvanie. Sous l'initiative et la direction de saint Tikhon, chaque paroisse envoya non seulement leur prêtre, mais aussi un délégué laïc à ce Sobor. Le thème du Sobor était « Comment étendre la mission ».

7.1.2 Le plan global de saint Tikhon

En 1905, lorsque tous les évêques de l'Église russe furent consultés sur la réforme de l'Église, l'archevêque Tikhon déclara que l'archidiocèse américain devrait devenir une Église orthodoxe essentiellement autonome, composée de tous les chrétiens orthodoxes de toutes nationalités, utilisant le calendrier civil américain (c'est-à-dire le calendrier grégorien) et utilisant éventuellement la langue anglaise pour ses services et activités religieux. À cette époque, les principales liturgies de l'Église avaient déjà été traduites en anglais, et en 1906, le livre de service marquant compilé et traduit par Isabel Florence Hapgood fut publié. L'archevêque Tikhon et l'évêque Raphaël furent fortement soutenus dans leur plaidoyer pour l'utilisation de l'anglais par le père Ingram Nathaniel Irvine (1849-1921), un ancien prêtre épiscopalien qui se convertit à l'orthodoxie en 1905 et fut ordonné prêtre orthodoxe la même année. Saint Tikhon lui confia la « mission anglaise » de la mission américaine.

Le plan de saint Tikhon pour le développement progressif d'une Église américaine autonome incluait une hiérarchie composée de tous les différents peuples orthodoxes ethniques. En 1904, le père Raphaël Hawaweeny (1860-1915), l'archimandrite syrien qui avait pris en charge les paroisses arabophones en Amérique depuis 1895 sous la supervision de l'administration diocésaine russe, fut consacré évêque de Brooklyn, évêque auxiliaire de l'archevêque Tikhon. Sa consécration à New York fut la première consécration épiscopale orthodoxe dans le Nouveau Monde. En 2000, lors d'une cérémonie au monastère Saint-Tikhon, l'évêque Raphaël fut glorifié en tant que saint, avec la désignation « Évêque de Brooklyn, berger des brebis perdues d'Amérique du Nord ».

Un plan similaire fut mis en place pour la consécration d'un évêque parmi le clergé serbe en Amérique, qui serait responsable des soins pastoraux des chrétiens orthodoxes serbes dispersés à travers l'Amérique du Nord. Dans ce but, en 1905, le père Sébastien Dabovich (1863-1940), après avoir été nommé archimandrite, fut désigné « Administrateur de la branche serbe de l'Église orthodoxe en Amérique », avec son siège à l'église de la Sainte-Résurrection à Chicago.

Dans un effort pour étendre ce plan global aux Grecs en Amérique, en 1912, le père Michael Andreades, prêtre d'origine grecque et doyen des paroisses de la côte ouest de l'archidiocèse de la mission russe, se rendit à Constantinople pour demander au patriarche œcuménique d'envoyer un évêque grec en Amérique, qui servirait de chef des paroisses gréco-américaines, toutes rassemblées au sein de l'archidiocèse de la mission. Malheureusement, cette démarche n'aboutit à rien.

Dans de nouveaux efforts pour étendre le plan original de l'archevêque Tikhon, en 1916, l'ancien prêtre catholique de rite byzantin, le père Alexandre Dzubay (1857-1933) fut consacré évêque Étienne de Pittsburgh, avec la responsabilité particulière de ramener les Carpatho-Russes, qui étaient encore catholiques de rite byzantin (uniates), dans l'Église orthodoxe. Malheureusement, cette mission échoua, et dans sa déception, l'évêque Étienne retourna à ses racines uniates en 1924.

Le deuxième Sobor panaméricain

En 1919, lors du deuxième Sobor panaméricain, tenu à Cleveland, Ohio, l'archimandrite Théophane (Fan) Noli (1882–1965) fut élu évêque des paroisses albanaises en Amérique, et l'archimandrite Mardary Uskokovich (1889–1935) fut élu évêque des paroisses serbes. Cependant, avec l'Église en Russie en plein tumulte au milieu de la Révolution bolchevique et de la guerre civile qui s'ensuivit, l'approbation ecclésiastique officielle pour ces deux consécrations ne vint jamais.

Ce Sobor discuta également positivement de la possibilité de former une « mission » pour les immigrants ukrainiens, similaire à celle des Serbes et des Albanais. Malheureusement, l'archevêque de l'époque, l'archevêque Alexandre (Nemolovsky), n'encouragea pas le développement de cette idée.

Ainsi, il était prévu de développer une hiérarchie unifiée qui répondrait aux besoins pastoraux de tous les différents groupes ethniques d'immigrants en Amérique du Nord. Déjà en 1905, cependant, une « Église orthodoxe orientale hellénique » avait été incorporée dans l'État de New York, complètement indépendante de la hiérarchie orthodoxe russe en Amérique. Cela fut fait même si, à l'époque, il n'y avait pas d'évêque grec dans le pays et aucun plan pour un diocèse spécifiquement gréco-américain, bien qu'il y ait déjà 29 paroisses grecques en Amérique en 1906.

7.1.3 1907-1917

Après que l'archevêque Tikhon fut transféré à un diocèse en Russie au printemps 1907, le diocèse américain fut dirigé par l'archevêque Platon (Rozhdestvensky) (1866–1934 ; r. 1907-1914 et 1922–1934). L'un des moments forts de son mandat fut le déplacement du séminaire ecclésiastique, appelé Saint-Platon, de Minneapolis à Tenafly, New Jersey (de l'autre côté de la rivière par rapport à Manhattan), en 1912, afin qu'il soit beaucoup plus proche de l'administration centrale de l'archidiocèse. Il servit comme archevêque de l'Église américaine jusqu'en 1914, lorsqu'il fut rappelé en Russie pour y servir comme évêque. Il fut succédé par l'archevêque Évdokim (1869–1935 ; r. 1914–1917).

Extrait du dernier sermon de saint Tikhon prêché en Amérique, à la cathédrale Saint-Nicolas, New York, le premier dimanche du Grand Carême, 1907

Mais il ne suffit pas, frères, de seulement célébrer « le Triomphe de l'Orthodoxie ». Il nous est nécessaire de promouvoir et de contribuer personnellement à ce triomphe. Et pour cela, nous devons préserver avec révérence la foi orthodoxe, en y restant fermes malgré le fait que nous vivons dans un pays non orthodoxe, et ne pas plaider comme excuse pour notre apostasie que « ce n'est pas la vieille terre ici, mais l'Amérique, un pays libre, et donc il est impossible de suivre tout ce que l'Église exige ». Comme si la parole du Christ ne convenait qu'à l'ancienne terre et non à l'ensemble du monde ! Comme si l'Église du Christ n'était pas « catholique » ! Comme si la foi orthodoxe n'avait pas « établi l'univers » !

De plus, tout en préservant fidèlement la foi orthodoxe, chacun doit également veiller à la répandre parmi les non-orthodoxes. Le Christ Sauveur a dit qu'après avoir allumé la bougie, les hommes ne la mettent pas sous le boisseau, mais sur un chandelier afin qu'elle donne de la lumière à tous (Mt 5,15). La lumière de la foi orthodoxe n'a pas été allumée pour briller seulement pour un petit cercle de personnes. Non, l'Église orthodoxe est catholique ; elle se souvient du commandement de son Fondateur, « Allez dans le monde entier et prêchez l'Évangile à toute créature et enseignez toutes les nations » (Mc 16,15 ; Mt 28,19).

Nous devons partager notre richesse spirituelle, la vérité, la lumière et la joie avec ceux qui ne possèdent pas ces bénédictions. Et ce devoir n'incombe pas seulement aux pasteurs et aux missionnaires, mais aussi aux laïcs, car l'Église du Christ, selon la sage comparaison du saint apôtre Paul, est le corps, et chaque membre participe à la vie du corps. Par le moyen de toutes sortes de liens mutuellement contraignants qui se forment et se renforcent grâce à l'action de chaque membre selon ses capacités, le grand corps de l'Église reçoit une augmentation pour son édification (Eph 4,16).

Au cours des premiers siècles, ce n'étaient pas seulement les pasteurs qui étaient torturés, mais aussi les laïcs — hommes, femmes, et même enfants. Et ce furent également les laïcs qui éclairèrent les païens et combattirent les hérésies. Et maintenant, de la même manière, la propagation de la foi devrait être une affaire personnelle, sincère et chère à chacun d'entre nous. Chaque membre de l'Église doit y participer activement — certains par des actions personnelles pour répandre la Bonne Nouvelle, d'autres par des dons matériels et des services aux « besoins des personnes saintes », et d'autres encore par des prières ferventes au Seigneur pour qu'il « garde son Église ferme et la multiplie » — et concernant ceux qui ne connaissent pas le Christ, qu'il « leur proclame la parole de vérité, leur ouvre l'Évangile de la Vérité et les rejoigne à la sainte Église catholique et apostolique ». J'ai dit cela de nombreuses fois à mon troupeau. Et aujourd'hui, en quittant cette terre, je vous ordonne à nouveau de préserver et de mettre cela en pratique, et surtout vous, frères de ce saint temple...

Adieu à vous, ce pays ! Pour certains, vous êtes la patrie, le lieu de naissance ; pour d'autres, vous avez donné refuge, travail et bien-être. Certains ont reçu la liberté de professer la vraie Foi dans votre terre libérale.

Que la bénédiction de Dieu soit sur ce pays, cette ville et ce temple. Et que « la bénédiction du Seigneur, avec grâce et amour pour l'homme » repose sur vous tous, « maintenant et toujours et pour les siècles des siècles. Amen. »

Le père Léonid Turkevich (1876–1965), futur métropolite Léonty, recteur du séminaire de Minneapolis puis de Tenafly, devint le doyen de la cathédrale Saint-Nicolas à New York. Il écrivit de nombreux articles pendant cette période sur le destin de l'archidiocèse missionnaire américain à devenir une Église orthodoxe autonome. Avec l'archevêque Évdokim et le père Alexandre

Kukulevsky (1873–1963), il représenta le diocèse américain au grand concile de l'Église russe de 1917–1918.

7.1.4 L'archidiocèse russo-américain après la Révolution bolchevique

Avec la Révolution bolchevique de 1917 en Russie, l'archidiocèse de la mission russe en Amérique fut plongé dans la confusion. L'archevêque Alexandre (Nemolovsky) (r. 1917-1922), qui succéda à l'archevêque Évdokim en 1917, éprouvait de grandes difficultés à aider l'archidiocèse à s'adapter aux nouvelles conditions, en particulier à la perte de tout soutien financier de l'Église et de l'État russes. Lorsque l'archevêque Platon revint en Amérique en 1921, l'archevêque Alexandre lui demanda de prendre la tête de l'administration russe. Lors du troisième Sobor panaméricain de l'archidiocèse américain, tenu à Pittsburgh en 1922, l'archevêque Platon fut accepté pour diriger l'Église à nouveau.

L'archevêque Platon

Jean Kedrovsky, un prêtre servant dans la mission russo-américaine qui fut suspendu en 1918 pour avoir tenté de subvertir l'autorité de l'archevêque

Alexandre, retourna en Amérique depuis la Russie en 1923 en tant qu'« évêque » de « l'Église vivante » mandée et manipulée par les Soviétiques. Il exigea et obtint, par voie légale, la possession de plusieurs propriétés de l'Église russe, y compris l'église principale de l'archidiocèse, la cathédrale Saint-Nicolas à New York. Ses actions apportèrent davantage de confusion, de tourmente et de problèmes financiers à l'archidiocèse.

L'Église subit un autre coup dur à cette époque lorsqu'il fut jugé nécessaire de fermer le séminaire à Tenafly, New Jersey, en 1924 ; ses propriétés et sa bibliothèque furent vendues. Il n'y aurait pas de séminaire orthodoxe en Amérique du Nord pour les 14 années suivantes.

Le quatrième Sobor panaméricain

En 1924, le quatrième Sobor panaméricain de l'archidiocèse russo-américain eut lieu à Detroit, Michigan. Ce Sobor, sur la base du décret du patriarche Tikhon du 20 novembre 1920 (no 362) — qui déclarait que tous les diocèses de l'Église russe coupés du patriarcat de Moscou devaient se gouverner eux-mêmes et poursuivre leur vie ecclésiale sous supervision locale — déclara que l'archidiocèse serait un métropolite autonome, maintenant seulement un lien spirituel avec l'Église en Russie, jusqu'à ce que des relations normales puissent être reprises avec l'Église russe. L'archevêque Platon fut officiellement installé comme métropolite, et l'Église fut appelée la Métropolie américaine. Elle fut légalement incorporée sous le nom d'Église orthodoxe russe catholique grecque d'Amérique.

7.1.5 La Métropolie américaine

En 1926, le métropolite Platon rencontra les membres du Synode russe en exil pour discuter des problèmes liés à la prise en charge des chrétiens orthodoxes russes dans la « diaspora » — c'est-à-dire partout dans le monde au-delà des frontières de l'Union soviétique. À cette époque, de nombreux nouveaux immigrants russes étaient venus en Amérique et avaient rejoint la Métropolie américaine. Lorsque le Synode en exil tenta d'étendre sa juridiction sur la Métropolie américaine, le métropolite Platon s'y opposa. Ainsi, lui et son Église furent « suspendus » par le Synode en exil en 1929.

À la même époque, le métropolite Évlogy (Georgievsky) (d. 1946), responsable de plusieurs paroisses en Europe occidentale établies par des immigrants russes, rencontra également les évêques du Synode en exil. Il fut de même « suspendu » par eux pour avoir refusé de reconnaître leur prétendue juridiction sur tous les chrétiens orthodoxes russes en dehors de la Russie.

Le cinquième Sobor panaméricain

7.1.7 Pression de Moscou

Dans les années 1930, des pressions furent exercées par Moscou sur la Métropolie américaine, ainsi que sur l'Exarchat d'Europe occidentale sous la direction du métropolite Euloge. En 1933, l'archevêque Benjamin (Fedchenkoff) (1880–1961) arriva en Amérique depuis l'URSS, exigeant l'allégeance de la Métropolie au patriarcat de Moscou. Le fait qu'une promesse d'allégeance à l'État soviétique était également exigée montrait que l'Église russe n'était pas vraiment libre, ce qui rendait impossible pour la Métropolie américaine d'entrer en relations normales avec elle. En réponse, en 1934, l'Église en Russie déclara officiellement que la Métropolie était illégale et ouvrit l'Exarchat du patriarcat de Moscou en Amérique, dirigé par l'archevêque Benjamin. La plupart des paroisses russo-américaines restèrent fidèles à la Métropolie, plutôt que de rejoindre ce nouvel exarchat du patriarcat de Moscou ou le Synode russe en exil.

La même année, le métropolite Platon mourut. Il fut remplacé par l'archevêque Théophile (Pashkovsky) (r. 1934–1950), qui fut élu primat lors du cinquième Sobor panaméricain de la Métropolie, tenu à Cleveland, Ohio.

Le sixième Sobor panaméricain

7.1.8 La destinée américaine

En 1937, le sixième Sobor panaméricain de la Métropolie américaine, réuni à New York, affirma une relation « morale » avec le Synode russe en exil, ce qui rétablit l'intercommunion entre les deux corps. Cependant, lorsque la Métropolie tenta d'établir des relations plus étroites avec le patriarcat de Moscou pendant la Seconde Guerre mondiale, le Synode en exil désapprouva. En 1946, lorsque le Synode renouvela sa revendication de gouverner tous les orthodoxes russes en Amérique, cette relation « morale », y compris l'intercommunion, fut rompue.

Le sixième Sobor panaméricain mandatât également la création de deux écoles théologiques : Saint-Vladimir à New York en tant qu'école supérieure de théologie orthodoxe, et Saint-Tikhon en tant qu'école pastorale au monastère de Saint-Tikhon à South Canaan, en Pennsylvanie. Les deux écoles ouvrirent en 1938.

Le septième Sobor panaméricain

Le septième Sobor panaméricain de la Métropolie, réuni à Cleveland en 1946, demanda au patriarcat de Moscou qu'il y ait une relation spirituelle étroite liant les deux entités. Mais lorsque, une fois de plus, des exigences furent faites depuis Moscou pour la loyauté envers le gouvernement soviétique, la relation « spirituelle » ne put être concrétisée.

En 1950, à la mort du métropolite Théophile, le huitième Sobor panaméricain de la Métropolie, réuni à New York, proclama à l'unanimité comme primat l'archevêque Léonty (Turkevich) (1876–1965 ; r. 1950–1965), l'un des premiers dirigeants du diocèse missionnaire américain. Il avait été doyen du séminaire à Minneapolis, puis à Tenafly, New Jersey. Après la mort de sa femme en 1933, il avait été évêque de Chicago.

Le huitième Sobor panaméricain

Également en 1950, le Synode russe en exil établit son siège mondial à New York. Pendant ce temps, le patriarcat de Moscou exerçait une pression intense pour rétablir son autorité sur la Métropolie, qu'il continuait de qualifier d'« illégale ». En réponse, lors de ce huitième Sobor, avant son élection comme métropolite, l'archevêque Léonty prononça un discours réaffirmant le destin spécifiquement américain de l'Église, fondée dans le Nouveau Monde par l'Église de Russie plus d'un siècle et demi auparavant. L'archevêque déclara : « Nous suivrons notre ligne — l'établissement d'une Église orthodoxe administrativement autonome en Amérique. »

Le métropolite Léonty

7.1.9 Développement de la Métropolie

Les années 1950 et 1960 furent des années difficiles pour la Métropolie américaine sous la direction du métropolite Léonty. Des conflits internes ont émergé concernant le développement théologique et spirituel au sein de l'Église. De nombreux membres désiraient une vie ecclésiale plus robuste, ce qui a suscité un désir de réformes administratives et liturgiques. Ces aspirations ont souvent déclenché des luttes entre le clergé et les laïcs pour leurs droits et privilèges respectifs. Cependant, vers la fin des années 1960, un consensus a commencé à émerger parmi la majorité des prêtres et des fidèles pour la mise en œuvre d'un culte liturgique approprié, d'un ordre administratif et d'un développement spirituel au sein de la Métropolie.

Pendant cette période, les écoles théologiques de la Métropolie ont consolidé leur position. Le Séminaire Saint-Tikhon a connu une croissance significative, tandis que Saint-Vladimir a attiré des professeurs européens renommés tels que Nicholas Arseniev (d. 1977), Alexander Bogolepov (d. 1980), George Fedotov (1886–1951), le père Georges Florovsky (1893–1979), Serge Verhovskoy (1907–1986), le père Alexander Schmemann (1921–1983), et le père John Meyendorff (1926–1992). En 1967, Saint-Vladimir a reçu l'autorisation de l'État de New York de décerner le diplôme de Bachelor of Divinity (aujourd'hui le Master of Divinity).

En 1960, l'Épiscopat roumain, dirigé par l'évêque Valerian (Trifa) (1914–1987 ; r. 1958–1982), s'est formellement affilié à la Métropolie américaine.

Le métropolite Irénée

Mgr Léonty décéda en mai 1965. Lors du Douzième Sobor panaméricain de la Métropolie américaine, tenu plus tard cette année-là, l'archevêque Irénée (Bekish) (r. 1965–1977), alors administrateur intérimaire de la Métropolie, fut élu nouveau métropolite.

Immédiatement après son élévation, Mgr Irénée adressa une lettre aux primats de toutes les Églises orthodoxes autocéphales, plaidant pour une discussion urgente sur la situation juridictionnelle confuse de l'orthodoxie en Amérique. Son appel resta sans réponse. Ses demandes adressées à divers patriarches orthodoxes pour une audience afin de discuter de l'Église en Amérique furent également refusées.

Le treizième Sobor panaméricain

En 1967, le métropolite Irénée présida le Treizième Sobor panaméricain de la Métropolie américaine, où le sentiment était fort en faveur d'une action déclarant la Métropolie comme l'Église orthodoxe autonome en Amérique, sans recours à ou même reconnaissance par quelque patriarcat que ce soit au-delà des mers. Bien qu'aucune action officielle n'ait été prise, un « vote de principe » du conseil montra que la majorité écrasante des délégués étaient prêts à abandonner le mot « russe » du nom de l'Église en Amérique, et à continuer officiellement en tant qu'Église en et pour l'Amérique.

7.1.10 L'autocéphalie américaine

À la fin des années 1960, des discussions informelles ont commencé entre des représentants du patriarcat de Moscou et de la Métropolie américaine, généralement lors de réunions œcuméniques, au sujet du problème américain. Des négociations officielles pour résoudre les difficultés entre les deux Églises ont commencé en 1969. Les délégués officiels de la Métropolie américaine —

l'archevêque Kiprian de Philadelphie, et les pères Joseph Pishtey, John Skvir, Alexandre Schmemann, et Jean Meyendorff — ont insisté pour obtenir un statut entièrement autonome pour la Métropolie, avec le retrait complet de toute autorité ecclésiastique de l'Église russe sur le territoire américain.

Le métropolite Théodose accepte le tomos d'autocéphalie.

Après de longues et difficiles négociations, ponctuées de nombreux compromis et hésitations, et après de nombreuses réunions et discussions au sein des deux Églises sur cette question complexe et sensible, le 31 mars 1970, le métropolite Irénée et le métropolite Nikodim, responsable du Département des Affaires extérieures du patriarcat de Moscou, ont signé l'accord par lequel l'Église russe reconnaissait la Métropolie américaine comme l'Église orthodoxe autocéphale (indépendante) en Amérique, désormais appelée l'Église orthodoxe en Amérique (ÉOA). Environ 40 de ses paroisses, cependant, souhaitaient rester sous le contrôle de Moscou, et elles furent autorisées à rejoindre le diocèse patriarcal établi par l'archevêque Benjamin en 1934.

Le 10 avril 1970, six jours avant son décès, le patriarche Alexis Ier, accompagné de 14 évêques du Saint-Synode de l'Église russe, signa le tomos officiel proclamant la Métropolie comme l'Église orthodoxe autocéphale en Amérique (ÉOA).

Extrait du Tomos d'autocéphalie pour l'ÉOA :

L'Église orthodoxe russe, aspirant au bien de l'Église, a dirigé ses efforts vers la normalisation des relations entre les différentes juridictions ecclésiastiques en Amérique, en particulier en négociant avec l'Église orthodoxe grecque catholique russe en Amérique, concernant la possibilité de concéder l'autocéphalie à cette Église dans l'espoir que cela puisse servir le bien de l'Église orthodoxe en Amérique et la gloire de Dieu.

Dans son aspiration à la paix du Christ, qui a une signification universelle pour la vie de l'homme ; désirant bâtir une vie ecclésiastique pacifique et créative, et pour supprimer les divisions ecclésiastiques scandaleuses ; espérant que cet acte serait bénéfique pour la sainte Église orthodoxe catholique du Christ et permettrait le développement parmi les parties locales de l'Église une relation fondée sur les liens solides de la foi orthodoxe et l'amour que le Seigneur Jésus-Christ a voulu ; tenant compte de la pétition du Synode des évêques de la Métropolie orthodoxe grecque catholique russe d'Amérique du Nord, qui a exprimé l'opinion et le désir de tous ses fidèles enfants ; reconnaissant comme bonne pour l'orthodoxie en Amérique l'existence indépendante et autonome de ladite Métropolie, qui représente maintenant un organisme ecclésiastique mature possédant tout ce qui est nécessaire pour une croissance future réussie, notre Humilité, avec le Saint-Synode et tous les vénérables hiérarques de l'Église orthodoxe russe, qui ont exprimé leur accord par écrit, ayant examiné ladite pétition, avec un amour sincère, accorde l'autocéphalie à l'Église orthodoxe grecque catholique russe en Amérique, c'est-à-dire le droit d'ordonner pleinement indépendamment de la vie ecclésiastique conformément aux canons divins et sacrés et aux pratiques ecclésiastiques et coutumes de l'Église une, sainte, catholique et apostolique héritée des Pères ; à cette fin, ce tomos patriarcal et synodal est dirigé vers Sa Béatitude, Irénée, Archevêque de New York, Primat de l'Église orthodoxe autonome en Amérique, métropolite de toute l'Amérique et du Canada...

Confirmant l'autocéphalie de l'Église orthodoxe grecque catholique russe en Amérique, nous la bénissons pour se nommer La sainte Église orthodoxe autonome en Amérique ; nous la reconnaissons et la proclamons notre Église-sœur, et nous invitons toutes les Églises orthodoxes locales et leurs primats ainsi que leurs fidèles enfants à la reconnaître comme telle et à l'inclure dans les diptyques conformément aux canons de l'Église, aux traditions des Pères et à la pratique ecclésiastique.

La nouvelle Église orthodoxe autonome locale en Amérique devrait maintenir des relations fraternelles avec toutes les Églises orthodoxes et leurs primats ainsi qu'avec leurs évêques, clergé et fidèles pieux, qui sont en Amérique et qui, pour le moment, conservent leur dépendance canonique et juridictionnelle de facto sur leurs Églises nationales et leurs primats.

Avec une joie profonde et sincère, nous annonçons cela à la Plénitude de l'Église et nous ne cessons de remercier le Tout-Gracieux et le Tout-Puissant, qui dirige tout dans le monde de sa main droite pour le bien et le salut de l'humanité, pour la formation réussie et finale de l'autocéphalie, et nous implorons la bénédiction toute-puissante de Dieu sur la plus jeune sœur dans la famille des Églises orthodoxes locales autonomes, l'Église orthodoxe autonome en Amérique.

Que la Trinité consubstantielle, vivifiante et indivisible, agissant selon sa propre providence merveilleuse, envoie sur les archipasteurs, pasteurs et fidèles enfants de la sainte Église orthodoxe autonome américaine son aide céleste et infaillible, et qu'elle bénisse de succès tous ses efforts futurs pour le bien de la sainte Église.

Le quatorzième Sobor panaméricain : le premier Concile panaméricain

Au quatorzième Sobor panaméricain de l'Église métropolitaine américaine, tenu au Monastère Saint-Tikhon à South Canaan, en Pennsylvanie, du 20 au 22 octobre 1970, le tomos d'autocéphalie — reçu officiellement au nom de l'Église américaine par une délégation d'ecclésiastiques dirigée par l'évêque Théodose (Lazor) de Sitka, en Alaska — fut officiellement lu et l'événement fut célébré solennellement. Le nouveau statut de l'Église fut accepté et affirmé par les membres du conseil par un vote de 301 voix pour, 7 voix contre et 2 abstentions. Ce Sobor devint ainsi le premier Concile panaméricain de l'Église orthodoxe autocéphale en Amérique.

En 1971, le deuxième Concile panaméricain de la nouvelle Église, également tenu à Saint-Tikhon, adopta les statuts officiels gouvernant l'Église. Il accepta également le diocèse albanais qui avait été dirigé par l'évêque Théophane (Noli), et qui était maintenant dirigé par l'évêque Stephen (Lasko), dans l'Église orthodoxe en Amérique.

La canonisation de saint Germain

Le 9 août 1970, l'Église orthodoxe en Amérique (ÉOA) a célébré la canonisation de son premier saint, le père Germain d'Alaska. Membre du premier groupe de moines missionnaires arrivés en Alaska en 1794 depuis le monastère de Valaam, saint Germain, simple moine laïc, est resté parmi le peuple d'Alaska en tant que protecteur, enseignant et intercesseur devant Dieu jusqu'à sa mort en 1836. Les cérémonies de canonisation, auxquelles a assisté l'archevêque Paaveli de l'Église orthodoxe finlandaise, ont eu lieu à Kodiak, en Alaska.

Deux ans plus tard, sous le patronage céleste de saint Germain, l'École pastorale Saint-Germain a été fondée à Anchorage pour former le clergé autochtone de l'Alaska. L'année suivante, elle a été transférée à Kodiak.

7.1.11 Conséquences de l'autocéphalie

L'acte de reconnaissance par le patriarcat de Moscou de son ancien diocèse missionnaire dans le Nouveau Monde en tant qu'Église orthodoxe autocéphale, en 2013, n'avait toujours pas été officiellement accepté par toutes les Églises orthodoxes dans le monde. Seules les Églises de Russie, de Bulgarie, de Pologne, de Géorgie, des Terres tchèques, de Slovaquie et de Finlande avaient émis des déclarations officielles de reconnaissance.

Dès le début, le patriarcat de Constantinople, son archidiocèse orthodoxe grec américain et les autres Églises de langue grecque dans le monde s'opposaient vivement et condamnaient l'acte d'autocéphalie. Néanmoins, toutes les Églises orthodoxes, y compris le patriarcat de Constantinople et les autres Églises de langue grecque, restaient en pleine communion sacramentelle et spirituelle avec l'Église orthodoxe en Amérique.

7.1.12 Développement continu de l'ÉOA

En 1972, l'Église orthodoxe en Amérique a ouvert son Exarchat mexicain, dirigé par l'évêque José Cortes y Olmos (1923–1983). Élevé dans l'Église catholique romaine, il avait rejoint l'Église catholique nationale mexicaine en 1951. Ce groupe, indépendant de l'Église romaine, avait été proclamé l'Église nationale catholique mexicaine en 1928 par le président du pays à la suite de la révolution mexicaine qui avait commencé en 1910 ; sa création, teintée de considérations politiques, reflétait un mouvement plus large d'indépendance vis-à-vis de l'Église de Rome. Mgr José était devenu chef de cette Église en 1961. Après avoir sérieusement étudié l'orthodoxie, lui et toute son Église avaient fait appel à la nouvelle ÉOA pour les accepter. Après la mort de l'évêque José en 1983, il ne fut pas remplacé avant que l'archimandrite Alejo (Pacheco-Vera) ne soit consacré évêque du Mexique par le métropolite Germain et d'autres évêques de l'ÉOA en 2005.

En 1976, la plupart des orthodoxes bulgares en Amérique, environ 15 paroisses, ont été reçus dans l'ÉOA avec leur archevêque Kirill (Yonchev) (1920–2007), qui est devenu évêque de l'ÉOA pour Pittsburgh et la Pennsylvanie occidentale. Il a dirigé le diocèse jusqu'à sa mort en 2007. Il a été succédé par l'évêque Melchizedek (Pleska) (né en 1942).

Le cinquième Concile panaméricain

Au cinquième Concile panaméricain, tenu à Montréal, Québec, Canada, en octobre 1977, le métropolite Irenée a démissionné de son poste de primat de l'Église orthodoxe en Amérique pour des raisons de santé. Comme aucun candidat à l'élection métropolitaine n'avait obtenu les deux tiers des votes nécessaires dès le premier tour de scrutin, l'assemblée a nommé deux évêques américains comme candidats : Mgr Dmitri (Royster) (1923–2011) du diocèse de Hartford et de la Nouvelle-Angleterre, et l'évêque Théodose (Lazor) (né en 1933) du diocèse de Pittsburgh et de la Virginie-Occidentale. L'évêque Théodose a ensuite été élu par le Synode des évêques pour succéder au métropolite Irenée en tant que hiérarque dirigeant, devenant ainsi le premier évêque né aux États-Unis à occuper la fonction de primat de l'Église orthodoxe en Amérique.

Parmi les faits marquants du mandat du métropolite Théodose, on compte la canonisation de saint Innocent, apôtre de l'Amérique, par l'Église de Russie en 1977 ; l'autorisation en 1988 par l'État de Pennsylvanie pour le séminaire Saint-Tikhon de délivrer le diplôme de Master of Divinity (M.Div.) ; la canonisation de saint Alexis de Wilkes-Barre en 1994 au monastère

Saint-Tikhon ; et la canonisation de saint Raphaël de Brooklyn en 2000, également au monastère Saint-Tikhon.

En 2002, le métropolite Théodose a pris sa retraite pour des raisons de santé. Lors du Treizième Sobor panaméricain, tenu à Orlando, en Floride, la même année, l'archevêque Germain (Swaiko) (né en 1932) a été élu nouveau métropolite. Il a exercé ses fonctions jusqu'en 2008, date à laquelle il a été contraint de prendre sa retraite en raison d'un scandale financier. Il a été remplacé par l'évêque Jonas (Paffhausen) (né en 1959), qui, seulement 11 jours après être devenu évêque du Sud, a été élu nouveau métropolite lors du quinzième Concile panaméricain, tenu à Pittsburgh en novembre 2008. Le métropolite Jonas était le premier converti à diriger l'ÉOA.

En novembre 2011, le seizième Concile panaméricain s'est tenu à Bellevue, Washington, une banlieue de Seattle. Le thème du conseil était « La Maison de la Foi ». Il s'agissait du premier Concile panaméricain à se tenir à l'ouest du Mississippi. Cela a permis la plus grande délégation d'Alaska à jamais assister à l'un de ces Conciles.

Le dix-septième Concile panaméricain

Le 6 juillet 2012, le métropolite Jonah a pris sa retraite au milieu de controverses. Il a été suivi par le nouveau métropolite Tikhon (Mollard) (né en 1966), qui était archevêque du diocèse de Philadelphie et de l'est de la Pennsylvanie. Le métropolite Tikhon a été élu nouveau métropolite lors du dix-septième Concile panaméricain spécialement convoqué, qui s'est tenu à Parma, Ohio, le 13 novembre 2012.

7.2 L'orthodoxie en Amérique : seconde partie
Les autres juridictions orthodoxes

7.2.1 Les orthodoxes grecs en Amérique

Le nombre de Grecs immigrés en Amérique a considérablement augmenté après 1890. Environ 400 000 Grecs sont arrivés de Grèce dans les années 1891-1921, et environ 200 000 Grecs sont venus d'Asie Mineure. La plupart de ces immigrants étaient des hommes célibataires désireux de gagner assez d'argent pour se marier et soutenir une famille ; beaucoup sont retournés dans leur pays d'origine pour se marier et s'y établir après avoir gagné suffisamment d'argent en Amérique.

Bien que la plupart de ces immigrants soient venus aux États-Unis pour des raisons économiques plutôt que spirituelles, ils étaient très attachés au maintien de leur identité grecque et de leur culture, ce qui incluait pour la plupart d'entre eux l'Église orthodoxe (comme c'était le cas pour tous les groupes ethniques immigrés venant de terres traditionnellement orthodoxes). Cet intérêt a grandement contribué aux efforts qui ont conduit à la fondation d'environ 150 paroisses orthodoxes grecques à travers les États-Unis et le Canada d'ici 1918.

Ces paroisses ont été presque toutes fondées par des laïcs de leur propre initiative : ils ont organisé une sorte de société hellénique, acheté des propriétés, construit une église, puis cherché un prêtre. Si la plupart des immigrants dans une localité venaient de Grèce, ils demandaient un prêtre à l'Église de Grèce ; s'ils venaient principalement d'Asie Mineure, ils demandaient au patriarcat de Constantinople de leur envoyer un prêtre. Apparemment, ce schéma a persisté même après que le patriarcat de Constantinople ait donné officiellement l'autorité sur les paroisses ethniquement grecques en Amérique à l'Église de Grèce par un tomos officiel émis en 1908.

Les orthodoxes grecs en Amérique ont pour la plupart organisé des paroisses sans référence à l'archidiocèse russo-américain déjà établi. Les archives de l'ÉOA ne révèlent qu'un seul cas où des Grecs ont demandé à l'administration russe un prêtre, et seulement six fois une demande de l'antimension (le « corporal » nécessaire pour la célébration de l'Eucharistie).

Les listes officielles des paroisses de l'archidiocèse russe en 1906, 1911 et 1918 ne comprennent aucune paroisse d'origine grecque.

Beaucoup de Grecs plus traditionalistes en Amérique ont été déçus que l'Église de Grèce n'ait jamais envoyé d'évêque pour organiser les paroisses grecques dispersées et indépendantes jusqu'en 1918. Enfin, cette année-là, l'archevêque Meletios (Metaxakis) (1871–1935) de l'Église de Grèce est venu et a commencé le travail d'organisation qui a conduit à l'établissement officiel de l'Archidiocèse grec d'Amérique du Nord et du Sud en 1922. Ce développement a été pleinement ratifié par le nouveau patriarche œcuménique, qui était alors le même Meletios (Metaxakis).

Quatre évêchés régionaux ont été mis en place, centrés à Boston, Chicago, San Francisco et New York, tous sous la direction de l'archevêque Alexandre (Demoglou) de New York. Les évêques régionaux devaient être élus par le clergé et les fidèles locaux, et approuvés par le patriarcat œcuménique à Constantinople (désormais appelé Istanbul, Turquie), faisant ainsi de l'archidiocèse grec en Amérique une juridiction autonome.

Cependant, il y avait beaucoup de confusion causée par le métropolite Germanos (Troianos) pendant ses quelques années en Amérique (il est parti en 1922) alors qu'il exhortait les paroisses à rester fidèles à l'Église de Grèce. Plusieurs années plus tard, le métropolite Vasilios (Komvopoulos) fit de même, mais de manière plus efficace, en fondant l'Église orthodoxe grecque autocéphale des États-Unis et du Canada, qui comptait environ 50 paroisses d'ici 1929. Les 133 autres paroisses grecques à ce moment-là sont restées attachées à l'Archidiocèse grec d'Amérique du Nord et du Sud dirigé par l'archevêque Alexandre.

Les querelles parmi les Grèco-Américains ont été exacerbées par leurs points de vue politiques divergents, certains soutenant les royalistes en Grèce (partisans du roi Constantin Ier, du roi Alexandre Ier et du roi Georges II), et d'autres soutenant Eleftherios Venizelos, le premier ministre (de 1910 à 1915, puis de 1917 à 1920, puis pendant un mois en 1924, et enfin de 1929 à 1932).

En 1930, le métropolite Damaskinos de Corinthe a été envoyé en tant qu'exarque par le patriarcat œcuménique pour mettre fin aux querelles parmi les Greco-Américains. Par sa force de caractère et sa diplomatie habile, le métropolite Damaskinos a réussi à unir presque toutes les paroisses grecques sous la direction d'un nouvel archevêque de Corfou, le dynamique et visionnaire Athénagore (Spyrou) (1886–1972), qui était le choix personnel du métropolite Damaskinos pour ce poste. Les évêchés régionaux ont été éliminés (les évêques sont devenus auxiliaires de l'archevêque Athénagore), et le statut autonome de l'archidiocèse grec a été perdu, toutes les paroisses grecques en Amérique étant placées sous la supervision directe du patriarcat œcuménique.

En 1933, l'archevêque Athénagore a approché le métropolite Platon de l'Archidiocèse russo-américain avec l'idée de fonder un séminaire panorthodoxe en Amérique. Le métropolite Platon était ouvert à cette possibilité, mais après sa mort l'année suivante, son successeur, le métropolite Théophile, a rejeté l'idée. Ainsi, Athénagore a travaillé de son côté pour établir un séminaire pour les orthodoxes grecs en Amérique. Ainsi, en 1937, l'École théologique grecque orthodoxe Sainte-Croix a été ouverte à Pomfret, Connecticut. Elle a été transférée dans un site de premier choix à Brookline, Massachusetts, surplombant la ville de Boston, en 1946.

L'archevêque Athénagore a servi en Amérique jusqu'à son installation comme patriarche de Constantinople en 1949. Il a beaucoup contribué à renforcer les bases financières de son archidiocèse et à rendre l'orthodoxie plus visible en Amérique. Parmi les autres faits saillants de sa période de direction, mentionnons la fondation de l'organisation caritative appelée la Société des Dames Philoptochos, la création d'un périodique national appelé *The Orthodox Observer*, et la fondation du collège des enseignants Saint-Basile à Garrison, New York, ainsi que la fondation de l'école théologique à Pomfret.

L'archevêque Athénagore a été succédé par l'archevêque Michel (Konstantinides) (1892-1958 ; r. 1950–1958), qui a dirigé l'archidiocèse jusqu'à sa mort en 1958. Il a fondé le très réussi *Greek Orthodox Youth of America (GOYA)* en 1951, et d'ici 1958, il y avait environ 250 groupes membres. Sous sa direction, les revenus annuels de l'Église nationale ont presque sextuplé. Un programme national d'école de catéchèse du dimanche a été mis en place, avec un curriculum entièrement en anglais, et une reconnaissance formelle a été obtenue pour l'orthodoxie en tant que « quatrième grande foi » en Amérique, aux côtés du catholicisme, du protestantisme et du judaïsme.

Le patriarcat de Constantinople a nommé l'archevêque Iakovos (Koukouzis) (1911-2005 ; r. avec 1959-1995) pour succéder à l'archevêque

Michel. Le nouveau primat de l'Archidiocèse gréco-américain s'est rapidement imposé comme la figure principale de l'orthodoxie orientale en Amérique grâce à sa participation aux affaires sociales et politiques ainsi qu'aux cérémonies nationales.

L'archevêque Iakovos a été critiqué par certains en Amérique pour son manque de cohérence dans ses positions concernant l'unité orthodoxe dans le Nouveau Monde. Un certain nombre dans son archidiocèse, principalement des immigrants récents, l'ont critiqué pour ses actions apparemment pro-américaines et anti-grecques. En réalité, l'archevêque diplomate a continué à promouvoir l'identité grecque de son archidiocèse, suivant les instructions officielles envoyées de Constantinople, tout en maintenant des contacts étroits avec l'Église de Grèce, renforçant la présence de l'Archidiocèse en Amérique et favorisant les efforts vers l'unité orthodoxe en Amérique.

Dans cette optique, l'archevêque Iakovos a entretenu des relations amicales avec toutes les juridictions orthodoxes en Amérique du Nord. Il a été l'un des fondateurs en 1960 de la Conférence permanente des évêques orthodoxes en Amérique (SCOBA), et en a été élu le premier président.

Sous sa direction, l'archidiocèse a continué de prospérer et de devenir plus visible sur la scène américaine. Il a encouragé les professionnels helléno-américains réussis à s'impliquer davantage dans les affaires de l'Église. Il a développé une propriété sur l'île grecque de Zakynthos en un centre de camping et de retraite renommé connu sous le nom de Ionian Village. Et grâce à une nouvelle charte pour l'archidiocèse instituée en 1977, des évêchés régionaux ont à nouveau été établis, donnant aux évêques auxiliaires leurs propres territoires à gérer, tout en plaçant l'ensemble de l'archidiocèse sous l'autorité du patriarcat de Constantinople.

L'archevêque Iakovos a dirigé l'Archidiocèse grec jusqu'à sa retraite en 1995. Il a été succédé jusqu'en 1998 par l'archevêque Spyridon (Papageorge) (né en 1944), contraint de prendre sa retraite en raison de son leadership impopulaire. L'archevêque Dimitrios (Trakatellis) (né en 1928) a succédé à l'archevêque Spyridon en 1999, et a continué de diriger son Église en 2013 comme hiérarque très aimé.

L'Archidiocèse grec est la plus grande de toutes les juridictions orthodoxes en Amérique du Nord. Cependant, plusieurs petits groupes schismatiques grecs de l'Ancien Calendrier existent également en Amérique.

7.2.2 Les orthodoxes serbes en Amérique

En 1906, il y avait six paroisses serbes en Amérique, sous la supervision de l'archimandrite Sébastien Dabovich (1863–1940) en collaboration avec la mission diocésaine russe. En 1918, la liste des paroisses sous l'administration russe comprenait 19 paroisses serbes. Cependant, les relations entre les Serbes et les Russes avaient été tendues au cours des années précédentes.

Comme mentionné ci-dessus, l'archimandrite Mardary (Uskokovich) a été élu par l'Archidiocèse missionnaire russe en 1919 pour être évêque auxiliaire responsable des paroisses serbes ethniques. Mais comme l'administration russe en Amérique n'a pas reçu l'approbation de cette consécration de l'Église en Russie, les Américains d'origine serbe ont continué leurs efforts pour avoir leur propre diocèse sous l'autorité de l'Église en Serbie.

Saint Nikolai de Zicha (1881-1956)

Alors prêtre de l'Église en Serbie, saint Nikolai a voyagé en Grande-Bretagne et aux États-Unis en 1915 et 1916, donnant des conférences pour soutenir le Royaume de Serbie, alors en plein cœur de la Première Guerre mondiale. En 1921, saint Nikolai, devenu entre-temps évêque de Zicha en Serbie, est revenu en Amérique. Il était accompagné de l'archimandrite Mardary, son adjoint, envoyés par le patriarche serbe Dimitrije. Saint Nikolas est resté environ six mois, donnant de nombreuses conférences publiques avant de retourner en Serbie. Après la Seconde Guerre mondiale, où il a souffert environ un an dans le camp de prisonniers nazis de Dachau, saint Nikolai a trouvé refuge aux États-Unis, car il n'était plus le bienvenu dans le nouvel État satellite soviétique de Yougoslavie, dirigé par le maréchal Tito. C'est ainsi que saint Nikolas a passé les cinq dernières années de sa vie au Monastère et Séminaire Saint-Tikhon à South Canaan, en Pennsylvanie, où il enseignait en anglais et servait de recteur du séminaire. Il est décédé dans sa cellule là-bas en 1956.

Le père Mardary est resté en Amérique, servant comme prêtre paroissial à Chicago, et effectuant une grande partie du travail organisationnel pour l'émergence du diocèse serbe en Amérique, y compris l'achat, avec ses propres fonds, du site du Monastère Saint-Sava à Libertyville, Illinois.

En 1926, l'archimandrite Mardary a été rappelé à Belgrade pour être consacré évêque par le patriarche Dimitrije et chef du diocèse orthodoxe serbe de l'Amérique et du Canada. Trois semaines après son retour aux États-Unis l'année suivante, l'évêque Mardary a convoqué la première assemblée de l'Église à Chicago. Malgré une tuberculose qui s'aggravait progressivement, l'évêque Mardary a bien servi le diocèse jusqu'à sa mort en 1935, à l'âge de 46 ans. En mai 2015, en reconnaissance de ses efforts incessants et de ses soins pastoraux envers son troupeau spirituel, Mardary a été canonisé saint aux côtés de Sébastien (Dabovich).

En 1963, le Saint-Synode des évêques de l'Église de Serbie, sous le nouveau patriarche Germanus, a divisé la juridiction serbe en Amérique du Nord en trois nouveaux diocèses (de l'Est, de l'Ouest et du Canada). L'année suivante, trois évêques ont été élus pour diriger ces diocèses, tous sous l'autorité de l'Église de Serbie.

Cependant, le hiérarque dirigeant de l'Église serbe américaine, l'évêque Dionisije (Milivojevich) successeur de Mardary, considérait ces développements comme un complot inspiré par les communistes pour garder les Serbes américains sous surveillance plus étroite. Il a donc rompu tous les liens avec le patriarcat serbe, qui l'a alors déposé. Inébranlable, il a rassemblé un grand nombre de paroisses qui étaient d'accord avec lui, et c'est ainsi que l'Église orthodoxe serbe libre en Amérique a été fondée. Le reste des Serbes américains a continué à faire partie des trois nouveaux diocèses, sous l'autorité de l'Église de Serbie.

Une période de luttes acharnées entre les deux juridictions a suivi, durant environ jusqu'en 1975. Une réconciliation préliminaire a été atteinte en 1988. Le processus a été achevé en 1992, après la chute du communisme en Yougoslavie, lorsque le patriarche Paul de l'Église orthodoxe serbe a visité l'Amérique du Nord et a formellement réuni les deux groupes.

En 1991, l'évêque Christopher (Kovacevich) (1928-2010), chef du diocèse de l'Est de l'Amérique et le premier évêque américain né à servir l'Église serbe en Amérique, a été élu par le Synode des évêques de l'Église de Serbie pour être le métropolite de l'Église serbe en Amérique du Nord. En 2010, le métropolite Christopher est décédé, et au début de 2013 aucun des cinq évêques serbes en Amérique n'avait été fait métropolite de l'Église serbe en Amérique. En 2010, la juridiction serbe américaine comprenait deux diocèses supplémentaires : celui du Midwest américain et du Canada. L'Église serbe a continué à soutenir l'École de théologie Saint-Sava, une petite école mixte de théologie à Libertyville, Illinois, qui délivrait un B.A. en études religieuses et formation sacerdotale.

7.2.3 Les orthodoxes arabophones

De 1895 à 1915, saint Raphaël (Hawaweeny) (1860-1915) a d'abord servi en tant que prêtre, puis en tant qu'évêque dans la Mission orthodoxe russe, prenant soin pastoralement des orthodoxes arabophones en Amérique du Nord. Sa consécration en tant qu'évêque en 1904 fut la première consécration épiscopale orthodoxe tenue dans le Nouveau Monde, comme nous l'avons noté précédemment. Pendant ses 20 années de ministère en Amérique, l'évêque Raphaël a aidé à organiser 30 paroisses. Deux ans après sa mort, il a été succédé par l'évêque Aftimios (Ofiesh) (1880-1971 ; r. 1917-1931).

L'autorité de l'évêque Aftimios a été rejetée par le métropolite Germanos (Shehadi) de Séleucie et Baalbek au Liban, qui était en Amérique depuis 1915. Il prétendait faussement avoir l'autorité du patriarche d'Antioche pour rassembler et organiser les paroisses arabophones afin qu'elles soient directement gouvernées par le patriarcat d'Antioche. En 1918, il a incorporé son propre nouveau diocèse sous le nom de Mission syrienne orthodoxe grecque catholique en Amérique du Nord, comprenant également quelques paroisses ukrainiennes au Canada. Cependant, la majorité des paroisses syriennes (au moins 23 d'entre elles) sont restées fidèles à l'évêque Aftimios. Les paroisses de l'évêque Aftimios sont devenues connues sous le nom de paroisses « Russy », tandis que celles du métropolite Germanos étaient appelées les paroisses « Antacky ».

En 1922, face au schisme croissant entre les paroisses « Russy » et « Antacky », et avec l'Archidiocèse russe toujours en tumulte après la Révolution bolchevique, le patriarcat d'Antioche a envoyé une délégation en Amérique composée du métropolite Gerasimos (Messara), de l'archimandrite Victor (Abo-Assaley) et de l'archidiacre Antoine (Bashir) (1898-1966) pour aider à réorganiser et réunir les factions syriennes. En 1924, l'archimandrite Victor fut consacré évêque pour diriger tous les orthodoxes syriens en Amérique, et cet Archidiocèse d'Antioche devint la juridiction syrienne « légitime » parmi un grand nombre de Syriens. L'évêque Victor a continué de diriger cette juridiction jusqu'à sa mort en 1934.

Un nombre important des paroisses syro-arabes « Russy », cependant, sont restées fidèles à l'archevêque Aftimios (Ofiesh). Il est resté au moins le chef nominal de ces paroisses syro-arabes sous l'autorité de l'administration russe en Amérique jusqu'en 1931, lorsqu'il fut remplacé par l'évêque Emmanuel (Abo-Hatab), consacré évêque de Montréal et auxiliaire de l'archevêque Aftimios en 1927.

Lorsque l'archevêque Aftimios a abandonné son rang épiscopal et s'est marié en 1933, et à la mort de l'évêque Emmanuel en 1933 et de l'évêque Victor en 1934, et avec le retour du métropolite Germanos au Liban en 1933, la plupart des paroisses syro-arabes se sont regroupées sous la direction du père Antoine Bashir, qui en 1936 fut consacré évêque de l'Archidiocèse d'Antioche sous l'autorité du patriarcat d'Antioche. Cependant, certaines des paroisses d'Antioche, principalement les anciennes paroisses « Russy », ont suivi le nouvel évêque consacré Samuel (David) de Tolède (d. 1958) dans un nouveau diocèse séparé qui opérait également sous la direction de l'Église d'Antioche.

Le métropolite Antoine (Bashir) a été l'un des évêques les plus remarquables de l'histoire de l'Église orthodoxe américaine. Ordonné prêtre en 1922, il a servi comme missionnaire parmi les chrétiens orthodoxes syriens pendant 14 ans jusqu'à ce qu'il soit nommé métropolite de l'archidiocèse orthodoxe antiochien, qui opérait séparément de la mission russe depuis 1931. Il a été un pionnier dans l'encouragement de l'utilisation de l'anglais dans le culte liturgique, et a été un fervent défenseur de l'unité juridictionnelle parmi tous les orthodoxes du Nouveau Monde. En 1960, il est devenu fondateur et membre éminent de la Conférence permanente des évêques orthodoxes canoniques en Amériques (SCOBA).

À sa mort en 1966, le métropolite Antoine a été succédé par le dynamique métropolite Philip (Saliba) (1931-2014). En 1975, le schisme avec le groupe de Tolède, alors dirigé par le métropolite Michel (Shaheen) (d. 1992), a été guéri, Michel devenant archevêque de Tolède et du Midwest au sein de l'Archidiocèse antiochien unifié.

En 1979, le métropolite Philip a acheté une propriété près de Ligonier, en Pennsylvanie, qui deviendrait le centre de camping et de retraite connu sous le nom de Village antiochien. En 1987, il a reçu près de 2000 convertis de l'Église orthodoxe évangélique, dirigée par Peter Gillquist, Jack Sparks, Jon Braun, Gordon Walker, et d'autres anciens dirigeants de Campus Crusade for Christ.

En 2013, le métropolite Philip dirigeait toujours l'Archidiocèse antiochien d'Amérique du Nord, qui avait obtenu en 2003 le statut de « auto-administration » du patriarcat d'Antioche. En plus du métropolite, l'archidiocèse était dirigé par huit évêques auxiliaires. À cette époque, l'archidiocèse comptait environ 250 paroisses et missions, contre environ 65 paroisses en 1966, lorsque le métropolite Philip a commencé son long mandat comme métropolite.

7.2.4 Les Ukrainiens

La prétendue Métropolie américaine de l'Église orthodoxe ukrainienne autocéphale (UAOC) a commencé en 1915, lorsque l'évêque Germanos (Shehadi) du Liban rassembla sous sa tutelle plusieurs paroisses, principalement dans l'ouest du Canada, où des milliers d'Ukrainiens venaient d'immigrer. À partir de 1924, ce groupe fut dirigé par l'archevêque Jean (Theodorovich) († 1971), qui avait été consacré par l'Église orthodoxe ukrainienne autocéphale non canonique formée en Ukraine en 1921. Ce groupe consacra lui-même un certain nombre de prêtres comme évêques. L'archevêque Jean, administrateur compétent, était un fervent patriote ukrainien qui contribua à l'expansion de son Église en attirant les nationalistes ukrainiens, ravis de l'établissement en 1918 d'un gouvernement indépendant en Ukraine, libre du contrôle russe.

Un autre groupe d'Ukrainiens, plus modéré et désireux de faire partie de l'orthodoxie canonique, forma l'Église orthodoxe ukrainienne d'Amérique (UOCA) en 1929. Ces Ukrainiens étaient auparavant uniates (catholiques de rite byzantin) qui avaient quitté l'union avec Rome en grande partie en raison du refus de l'Église catholique romaine d'accepter un clergé marié. Sous la direction de l'évêque Bogdan (Spylka) († 1965), cette juridiction fut placée sous le patriarcat œcuménique en 1937.

La plupart des paroisses de ces deux groupes fusionnèrent en 1950 pour former la nouvelle Église orthodoxe ukrainienne des États-Unis (ÉOU-É-U). Cette nouvelle juridiction était dirigée par le métropolite Jean (Theodorovich) à l'époque, qui s'était soumis à une reconsécration en tant qu'évêque en 1949. Cependant, sa juridiction n'était toujours pas reconnue comme canonique par les autres Églises orthodoxes, en partie parce que l'un des évêques ayant reconsacré l'évêque Jean, l'évêque Mstyslav (Skrypnyk) (1898-1993), avait été consacré évêque en 1942 en Ukraine par l'Église orthodoxe autocéphale nouvellement ressuscitée, mais toujours non canonique en Ukraine (ÉOUC). Le métropolite Jean gouverna l'ÉOU-É-U jusqu'à sa mort en 1971.

Le métropolite Jean fut remplacé par le métropolite Mstyslav, qui dirigea l'Église jusqu'en 1990, date à laquelle il devint patriarche de l'UAOC en Ukraine. Le nouveau métropolite aux États-Unis fut alors le métropolite Vsevolod (Maidansky). En 1990 également, l'Église orthodoxe ukrainienne du Canada (ÉOUC) fut reçue dans le patriarcat œcuménique, sous la direction du métropolite Vassil (Fedak) (r. 1978-2005).

Le successeur du métropolite Vassil, le métropolite Jean (Stinka) (né en 1935), fut élu lors du Vingt-et-Unième Sobor (conseil) de l'ÉOUC tenu en 2005. Le métropolite Jean prit sa retraite en tant un hiérarque et président en 2012 et fut remplacé par le métropolite Yurij (Kalistchuk) (né en 1951). La Métropolie avait également un évêque vicaire comme auxiliaire, ainsi que deux évêques territoriaux.

Cependant, en 1950, l'évêque Bogdan refusa de se joindre à l'ÉUO-É-U nouvellement unifiée, car elle était encore considérée comme non canonique par l'orthodoxie mondiale. Avec une vingtaine de paroisses environ, il demeura fidèle au patriarcat œcuménique. En partie en raison de son âge avancé, le groupe de l'évêque Bogdan perdit progressivement de plus en plus de paroisses au profit de l'ÉUO-É-U. Néanmoins, il fut l'un des membres fondateurs du SCOBA en 1960.

Après la mort de l'évêque Bogdan en 1965, il fut remplacé en 1967 par le père Andrei Kuschak († 1986), élu évêque par six paroisses d'Ukrainiens toujours sous la juridiction du patriarcat œcuménique. Le père Andrei fut consacré évêque par l'archevêque Iakovos (Koukouzis) et d'autres évêques de l'Archidiocèse grec d'Amérique du Nord et du Sud. L'évêque Andrei administra alors une douzaine de paroisses.

En 1996, l'Église autoproclamée orthodoxe autocéphale des États-Unis (l'ÉAOA-É-U) et l'Église orthodoxe ukrainienne d'Amérique (ÉOUA) sous le patriarcat œcuménique depuis 1937) furent finalement unies sous la direction du métropolite Constantin (Buggan) (1936-2012). Pour la première fois, presque tous les orthodoxes ukrainiens d'Amérique furent unifiés et dans l'orthodoxie canonique, sous le patriarcat œcuménique. Le nom d'Église orthodoxe ukrainienne des États-Unis (ÉOU-E-U) fut conservé pour le corps combiné.

En 2012, le métropolite Constantin décéda et fut remplacé par l'archevêque Antony (Scharba). En 2013, l'ÉOU-E-U comptait environ 85 paroisses et un séminaire, Sainte-Sophie, à South Bound Brook, dans le New Jersey.

Au moment de la fusion en 1996, quatorze paroisses de l'ÉOU-E-U refusèrent d'accepter la réconciliation et choisirent plutôt de rétablir des liens avec l'Église mère en Ukraine. Ces paroisses passèrent sous l'autorité de l'autoproclamée Église orthodoxe autocéphale — patriarcat de Kiev (ÉOA-KP).

7.2.5 Les orthodoxes carpatho-russes en Amérique

Moins de la moitié des catholiques de rite byzantin carpatho-russes (uniates) qui immigrèrent en Amérique étaient revenus à leurs racines orthodoxes à la fin des années 1920. Cependant, beaucoup de ceux qui restaient de rite byzantin étaient toujours mécontents des efforts de latinisation de la hiérarchie de rite latin aux États-Unis, en particulier l'interdiction du clergé marié. C'est dans ce contexte que le père Orestes Chornock (1883-1977) mena 37 paroisses uniates vers l'orthodoxie dans les années 1930.

Le père Orestes Chornock, né dans la région transcarpatique de l'Europe centrale, émigra en Amérique après son mariage et son ordination au sacerdoce. En 1911, il fut installé comme prêtre de la paroisse uniate grecque catholique Saint-Jean-Baptiste des Carpatho-Russes à Bridgeport, dans le Connecticut, où il demeura jusqu'en 1947.

En 1924, le Vatican envoya l'évêque Basile Takach pour imposer la latinisation à l'Église grecque catholique en Amérique, en particulier en ce qui concerne l'interdiction du clergé marié. Divers clergés et laïcs, menés par le père Orestes, protestèrent à plusieurs reprises contre cette attaque contre leur héritage religieux.

En 1936, avec le père Orestes et son beau-frère, le père Peter Molchany, à la tête, les fondations furent posées pour un nouveau diocèse grec catholique indépendant de l'évêque Takach, mais toujours fidèle à Rome. Cependant, le Vatican refusa d'accepter cet arrangement, de sorte qu'à l'automne 1938, ceux du nouveau diocèse déclarèrent leur rupture définitive avec l'Église romaine et leur unité avec l'Église orthodoxe canonique d'Europe, rite grec catholique.

La période de 1900 à 1917 en Russie fut un temps de renouveau spirituel et de réforme ecclésiastique. Des appels à diverses réformes se firent entendre parmi le clergé et les laïcs au début des années 1880, après près de 200 ans de contrôle de l'Église par l'État. Ces réformateurs étaient particulièrement préoccupés par la restauration de la voix des laïcs dans l'Église, la fin de la pratique de déplacer fréquemment les évêques d'un diocèse à l'autre, la réduction du pouvoir des consistoires gouvernementaux (conseils de surveillance) dans chaque diocèse, et l'établissement de la conciliarité (*sobornost*) à tous les niveaux de l'administration ecclésiastique.

En 1905, un décret impérial accorda la liberté religieuse en Russie, mettant fin à des siècles de suppression officielle par l'État de toutes les religions sauf l'orthodoxie. Cela fut accueilli favorablement par la majorité des fidèles, comme en témoigne une lettre ouverte soutenant le décret, émise par 32 prêtres à Saint-Pétersbourg. Cette lettre appelait également à « un retour à l'ordre canonique traditionnel, basé sur l'autogouvernance et l'indépendance de l'Église vis-à-vis de l'État. Cela ne peut être réalisé que par la convocation d'un Concile de toute l'Église russe. »

En préparation à un tel concile, le tsar Nicolas II (r. 1894-1917) autorisa la formation d'une Commission préconciliaire en 1906. L'année précédente, le Saint-Synode avait demandé à tous les évêques russes leurs recommandations concernant la réforme de l'Église. Soixante-et-un évêques sur 63 répondirent en faveur d'une réforme significative.

Cependant, en avril 1907, le tsar Nicolas changea d'avis, pour des raisons politiques, à propos de la tenue d'un grand concile par l'Église. Le travail de la Commission préconciliaire fut interrompu.

À cette époque, le tsar Nicolas et la tsarine Alexandra étaient sous l'influence d'une figure laïque mystérieuse dotée de pouvoirs de guérison hypnotiques, nommée Grégoire Raspoutine (1869-1916). Se faisant passer pour un authentique starets orthodoxe (ancien spirituel), il était en réalité un sectaire Khlyst condamné comme hérétique à Tobolsk. Particulièrement parce qu'il parvint à soulager le fils hémophile du couple royal, le tsarévitch Alexis, il obtint finalement une grande influence dans les affaires de la famille royale et de l'Église, au détriment des deux. Il fut assassiné en décembre 1916.

Le 2 mars 1917, sous une grande pression pour des réformes politiques et ecclésiastiques, et alors que la Russie subissait de sévères revers militaires dans la Grande Guerre, le tsar Nicolas abdiqua. Un gouvernement démocratique provisoire fut mis en place, dirigé par Alexandre Kerenski (1881-1970), ce qui permit à l'Église de se préparer à nouveau pour le longtemps anticipé Concile panrusse.

7.2.6 Le Concile de Moscou, 1917-1918

Après de nombreux débats, il fut décidé que chaque diocèse enverrait des délégués au Concile parmi le clergé et les laïcs — comme au premier Sobor panaméricain à Mayfield, Pennsylvanie, en 1907 — pour siéger en concile avec les évêques, qui prendraient les décisions finales en matière de doctrine et de pratique ecclésiastique. En août 1917, à l'ombre de l'imminente Révolution bolchevique, le concile se réunit à Moscou — plutôt qu'à Saint-Pétersbourg, siège du Saint-Synode depuis l'abolition du patriarcat sous l'empereur Pierre Ier en 1721. Cela indiquait en soi un fort désir de l'Église de revenir à ses modèles traditionnels de vie et d'organisation avant l'époque de la Réforme pétrinienne.

L'acte le plus mémorable du concile fut de restaurer le patriarcat dans l'Église russe. Le matin du 6 novembre 1917, après une vigile et une prière, un moine âgé tira le nom de l'un des trois candidats élus d'un calice devant l'icône de la Mère de Dieu de Kazan. Le nom de l'archevêque Tikhon (1866-1925) fut tiré. Ainsi, l'ancien primat de l'Archidiocèse américain devint le premier patriarche de l'Église orthodoxe russe depuis la mort du patriarche Adrian en 1700.

Le Concile continua de se réunir pendant près d'un an encore, malgré l'opposition des bolcheviques, et un certain nombre de réformes significatives furent adoptées avant sa clôture. Celles-ci comprenaient la formation d'un synode permanent des évêques et d'un conseil supérieur de l'Église avec participation laïque pour assister le patriarche ; l'élection des évêques dans chaque diocèse par des conseils diocésains composés de clercs et de laïcs ; la permission normale pour les évêques de rester dans leur diocèse d'origine à vie ; les sermons devant être donnés à tous les offices dans la langue vernaculaire ; la restauration de l'autonomie interne des monastères ; et l'encouragement des femmes à devenir membres des conseils paroissiaux.

Malheureusement, l'oppression soviétique de l'Église empêcha la mise en œuvre de nombreuses de ces réformes. Curieusement, les diocèses qui purent élire leurs propres évêques furent souvent ceux qui restèrent fidèles au patriarcat pendant les années de règne communiste.

7.2.7 Patriarche Tikhon (r. 1917-1925)

Dès le début, le patriarche Tikhon lutta pour défendre la vie et l'organisation de l'Église face à une féroce persécution par les bolcheviques. Presque au même moment où saint Tikhon fut choisi comme nouveau patriarche, saint Jean Kochurov (1871-1917), qui avait été ordonné prêtre et avait servi pendant 12 ans comme responsable de la paroisse à Chicago, Illinois, devint le premier prêtre à mourir en martyr aux mains des bolcheviques. En 1994, l'Église russe le glorifia comme « Premier hiéromartyr sous le joug bolchevique ».

Saint Jean Kochurev

Le 19 janvier 1918, avec l'approbation complète du Grand Conseil de Moscou qui continuait de se réunir, le patriarche Tikhon excommunia et anathématisa tous « les ennemis de l'Église ». Il leur cria : « Fous, retrouvez vos esprits ! Cessez votre vengeance sanglante. Vos actions ne sont pas seulement cruelles, elles sont sataniques. »

Cette action accrut la fureur des révolutionnaires contre l'Église, qu'ils méprisaient pour son alliance étroite avec le régime tsariste détesté auquel ils avaient consacré leur vie pour renverser. Selon James Cunningham, « Le 23 janvier 1918, ils émirent un décret qui sépara l'Église de l'État, retira toutes les écoles à l'Église, expropria toutes les propriétés ecclésiastiques, suspendit toutes les subventions gouvernementales aux organisations ecclésiastiques, refusa à l'Église son statut d'entité juridique, et complètement laïcisa l'État. »

Saint Vladimir de Kiev

Deux jours plus tard, le métropolite Vladimir de Kiev (1848-1918) devint le premier évêque à être exécuté par les révolutionnaires. Au cours des trois années suivantes, au moins 28 évêques furent assassinés, des milliers de membres du clergé furent emprisonnés ou tués, et environ 12 000 laïcs furent tués pour leurs activités religieuses. Dans la nuit du 17 juillet 1918, le tsar Nicolas et toute sa famille immédiate furent lâchement et honteusement exécutés à Ekaterinbourg ; et la nuit suivante, la grande-duchesse Élisabeth (1864-1918) et d'autres membres de la famille royale élargie furent assassinés près d'Alapaevsk. Tous furent reconnus saints parmi les nouveaux martyrs, confesseurs et porteurs de souffrance de la Russie par l'Église russe en 2000.

Saint Tikhon de Moscou

Le 12 mai 1922, le patriarche Tikhon fut emprisonné pour avoir refusé de remettre les vases sacrés de l'Église que le gouvernement réclamait en cette période de famine et de guerre civile, prétendument pour les vendre et aider ainsi à nourrir les pauvres. Il avait offert aux bolcheviques les trésors non consacrés de l'Église et promis de lever des fonds pour les affligés grâce aux offrandes volontaires des fidèles, équivalentes au montant exigé par le gouvernement, à condition que ces offrandes soient distribuées directement par l'Église aux personnes dans le besoin. Il fut libéré de prison en juin 1923 après avoir fait une déclaration de fidélité au gouvernement soviétique, une démarche qu'il jugeait nécessaire pour le bien de l'Église.

Dans ses luttes et ses épreuves, le patriarche s'efforça de suivre une voie de neutralité politique tout en défendant les droits de l'Église. Il mourut en 1925 dans des circonstances mystérieuses à l'hôpital de Moscou, en tant que confesseur de la foi. En 1989, le patriarcat de Moscou le canonisa comme « Saint Tikhon le Confesseur, Patriarche de Moscou et de toute la Russie, et Illuminateur de l'Amérique du Nord ».

7.2.8 L'Église vivante/rénovée

Le patriarche Tikhon dut également lutter contre l'Église vivante, un groupe de clercs libéraux soutenant le régime soviétique ; certains bolcheviques avec beaucoup d'enthousiasme prirent le contrôle de l'administration patriarcale. Cette usurpation, entièrement approuvée, sinon directement initiée par les bolcheviques, commença peu après l'emprisonnement du patriarche Tikhon en mai 1922. L'Église vivante fut reconnue par l'État soviétique comme l'Église russe officielle, et elle fut utilisée par l'État contre ceux qui restaient fidèles au patriarche Tikhon. Ce groupe de « rénovationnistes » tenta de modifier divers enseignements et pratiques de l'Église orthodoxe, comme la possibilité pour les évêques de se marier. Les rénovationnistes furent salués par certains à l'Ouest comme les porteurs de la réforme en Russie.

Au début, l'Église vivante obtint un certain soutien généralisé. Mais lorsqu'elle tint un concile en mai 1923 qui tenta de déposer le patriarche Tikhon, beaucoup de ses partisans furent aliénés. À ce moment-là, les Soviétiques réalisèrent que l'Église vivante ne fonctionnerait pas comme un moyen de soumettre l'Église orthodoxe dans son ensemble à leur contrôle. Ils cessèrent donc de la soutenir, et à la fin des années 1920, son influence avait considérablement diminué, bien que des éléments en subsistassent jusqu'aux années 1940.

7.2.9 Émigration russe en Europe occidentale

Un nombre assez important de jeunes intellectuels russes, d'abord séduits par l'idéologie politique de gauche, firent leur chemin « du marxisme à l'idéalisme » puis à une affirmation de la foi orthodoxe. Certains d'entre eux, comme le philosophe P. B. Struve (1870-1944), l'écrivain théologique et professeur de dogmatique l'archiprêtre Serge N. Boulgakov (1871-1944), le philosophe religieux orienté vers l'existentialisme et éditeur Nicolas A. Berdiaev (1874-1948), l'essayiste S. L. Frank (1877-1950) et l'historien religieux Georges P. Fedotov (1886-1951), devinrent des figures de proue de la communauté émigrée russe en Europe occidentale, qui se forma au début des années 1920. Environ un million de Russes, principalement des intellectuels et des professionnels, ont fui la Russie au cours de la Révolution bolchevique et après. Ce groupe remarquable a produit environ 10 000 livres et 200 revues dans de nombreux domaines différents entre les deux guerres mondiales.

Ces chrétiens orthodoxes ont beaucoup contribué, par leurs écrits et leurs discours, à introduire en Europe occidentale les richesses de la pensée et de la vie orthodoxes. Le centre académique de cet essor orthodoxe en Occident était l'Institut Saint-Serge à Paris, fondé en 1925.

7.2.10 L'ère de la persécution la plus sévère

Avec la mort du patriarche Tikhon en 1925, l'Église en Russie traversa son heure la plus sombre. Le métropolite Serge (Stragorodsky) (1867-1944) fut le *locum tenens* adjoint du patriarcat de Moscou de 1927 à 1943. C'était l'époque des purges de Staline, lorsque littéralement des millions de personnes, dont des milliers de membres du clergé, furent emprisonnées, exilées et tuées. La constitution de Staline de 1936 appelait officiellement à « la liberté de religion et la liberté de propagande antireligieuse », mais des centaines de paroisses, de monastères et d'écoles furent fermés. Ce qu'il restait de la vie ecclésiale était limité exclusivement aux offices liturgiques. La persécution de l'Église par l'État était féroce et implacable.

7.2.11 Relative liberté pendant la Seconde Guerre mondiale

Une période de relative liberté s'ouvrit pour l'Église russe pendant la Seconde Guerre mondiale. Le gouvernement avait besoin du soutien de l'Église pour l'effort de guerre contre Hitler. En retour de la mobilisation du peuple pour défendre la patrie, l'Église russe reçut des concessions de l'État. De nombreux monastères, paroisses et écoles furent rouverts. En 1943, Staline permit à l'Église de tenir un concile, qui élut officiellement le métropolite Serge comme patriarche. À la mort du patriarche Serge en 1944, le métropolite Alexis (Simansky) (r. 1945-1970) fut élu pour le remplacer lors d'un autre concile, célébré solennellement en présence d'un grand nombre de dignitaires ecclésiastiques étrangers.

7.2.12 Le retour de la persécution

À la fin des années 1950 et au début des années 1960, l'État soviétique sous Nikita Khrouchtchev commença à persécuter sévèrement à nouveau l'Église orthodoxe en Russie. Il n'y eut pas de purges violentes comme à l'époque de Staline ; cette nouvelle persécution prit la forme de mesures « administratives » prétendument fondées sur la loi. Il y eut la fermeture d'écoles et de paroisses — de 22 000 paroisses ouvertes en 1960 à 7 000 en 1964. Il y eut une lourde imposition fiscale et une inscription restreinte du clergé. Et des punitions sévères furent infligées aux ecclésiastiques pour des « crimes » mineurs ou inexistants.

En 1961, de nouveaux décrets du gouvernement limitèrent gravement les pouvoirs des prêtres de paroisse en confiant toute autorité légale et administrative dans les paroisses aux conseils laïcs, les « vingt » membres requis par la loi soviétique pour la formation d'une corporation locale avec le droit de demander un édifice pour le culte. Les pasteurs furent ainsi réduits à de simples fonctionnaires liturgiques n'ayant aucune autorité officielle pour assurer un ministère pastoral parmi leurs fidèles.

Toutes ces mesures « administratives » visaient à détruire la foi religieuse — qui, selon la doctrine marxiste, aurait dû mourir depuis longtemps de mort naturelle en URSS. La propagande officielle athée de l'époque montre une grave préoccupation face à la persistance de la religion dans le pays.

7.2.13 Les hommes d'Église en appellent aux autorités soviétiques

Parce que les principaux membres de la hiérarchie de l'Église russe étaient silencieux et passifs face à cette nouvelle persécution de l'Église par l'État, des voix de protestation commencèrent à s'élever parmi divers membres de l'Église, dans ce qui devint connu sous le nom de Mouvement dissident. Les appels les plus puissants pour une action juste et appropriée concernant l'Église vinrent de l'archevêque Ermogène de Kaluga et des prêtres Nikolai Eshliman (1928-1985) et Gleb Yakunin (né en 1934). Ces porte-parole des droits de l'Église russe envoyèrent des lettres ouvertes de critique aux responsables de l'Église et de l'État en décembre 1965. Ces lettres faisaient appel à la loi soviétique qui permettait techniquement la liberté religieuse, ainsi qu'aux statuts de l'Église orthodoxe russe promulgués lors de son concile en 1945. En conséquence, avec quelques collègues moins connus, ces prêtres furent privés de leurs fonctions ecclésiastiques. Néanmoins, l'agitation parmi le clergé et les laïcs pour la réforme de l'Église russe, pour un leadership fort et un traitement juste, continua jusqu'à la chute du gouvernement soviétique en 1991.

7.2.14 Pasternak et Soljenitsyne

En plus des hommes d'Église, des personnalités des milieux académique et littéraire firent également des appels au nom de la foi et de la liberté en Russie. Boris Pasternak (1890-1960) et Alexandre Soljenitsyne (1918-2008), tous deux auteurs lauréats du prix Nobel et croyants chrétiens, faisaient partie de ceux-là. Soljenitsyne adressa sa célèbre *Lettre de Carême* au patriarche Pimen en 1972. Cette lettre fut extrêmement critique des politiques et actions de l'Église russe face au contrôle de l'État. Elle attira une grande attention internationale et provoqua beaucoup de controverses au sein de l'Église russe. Cependant, elle ne reçut aucune réponse officielle du patriarcat de Moscou.

7.2.15 Le patriarche Pimen

Après la mort du patriarche Alexis Ier en 1970, l'archevêque Pimen (Izvekov) (r. 1971-1989) fut choisi comme primat de l'Église russe lors de son concile en 1971. Ce même concile confirma officiellement les décrets administratifs de l'État promulgués en 1961, qui à l'époque avaient été fortement contestés par de nombreux membres du clergé paroissial. Le patriarche Pimen, qui fit des visites dans les autres patriarcats tout en étant patriarche de Russie, resta silencieux face à toute critique de la direction de l'Église en Russie. Il poursuivit les politiques de coopération avec les autorités soviétiques qui avaient été suivies par les patriarches Serge et Alexis avant lui, y compris le refus d'admettre l'existence de la persécution étatique de l'Église en Russie.

7.2.16 Glasnost et liberté pour reconstruire

Les préparatifs pour la célébration du millénaire de la christianisation de la Rus' de Kiev en 1988 coïncidèrent avec un relâchement général de l'autoritarisme des décennies précédentes, sous la politique de glasnost (ouverture) du premier ministre Mikhaïl Gorbatchev. L'Église gagna plus de libertés à mesure que le rideau de fer commençait à tomber. Une fois que le régime soviétique s'est effondré, en 1991, l'Église était libre de se rétablir et de se reconstruire.

7.2.17 Le patriarche Alexis II

Après la mort du patriarche Pimen en 1989, le métropolite Alexis (Ridiger), d'Estonie, fut élu nouveau patriarche. Il guida l'Église à travers la nouvelle ère postsoviétique où des millions d'orthodoxes revinrent à l'Église, des milliers de paroisses et de monastères furent rouverts et rénovés, et une nouvelle constitution nationale prévoyait la pleine liberté pour l'Église, désormais pleinement reconnue comme entité juridique. L'Église fut grandement défiée en ce temps de ministère envers tant de nouveaux membres, avec des relations très tendues avec les uniates, surtout en Ukraine occidentale, et avec divers groupes d'extrême droite ultraconservateurs.

7.2.18 Le patriarche Kirill

Un mois après la mort du patriarche Alexis en décembre 2008, le métropolite Kirill (Goundiayev) (né en 1946) fut élu nouveau patriarche de Moscou et de toute la Russie. En 2010, il prit des mesures pour développer des relations plus étroites avec le patriarcat œcuménique, en soutenant les 12 assemblées ecclésiastiques orthodoxes que le patriarche Bartholomée mettait en place dans le monde entier. Le métropolite Kirill continua de diriger le patriarcat de Moscou et de toute la Russie en 2013.

Saint Nicolas du Japon

7.2.19 L'autonomie japonaise

Parmi les derniers actes du patriarche Alexis Ier figurait la déclaration officielle en 1970 de l'autonomie de l'Église orthodoxe au Japon. L'évêque Vladimir (Nagosky) (1922-1997), né aux États-Unis et primat de l'Église japonaise affiliée à la Métropolie américaine depuis la Seconde Guerre mondiale, fut nommé métropolite de Tokyo. Le patriarcat de Moscou se réservait le droit de confirmer l'élection du primat japonais et de participer à sa consécration, mais pour tout le reste, l'Église au Japon devenait autonome. Au moment de l'autonomie japonaise, le fondateur de l'Église au Japon, l'archevêque Nikolai (Kasatkin) (1836-1912), fut glorifié saint par l'Église russe.

En 1972, le métropolite Vladimir retourna aux États-Unis, et le métropolite Théodose (Nagashima) (1935-1999), né et éduqué aux États-Unis, le remplaça comme primat de l'Église japonaise. Il fut suivi par le métropolite Daniel (Nushiro) (né en 1938), issu d'une famille orthodoxe japonaise. Installé par le patriarche Alexis II de l'Église de Russie en 2000, le métropolite Daniel guidait toujours l'Église japonaise en 2013. Elle compte environ 30 000 fidèles.

7.2.20 L'Église en Grèce

En 1907, le père Eusèbe Matthopoulos (1849-1929) fonda en Grèce la Fraternité Zoe, une organisation dédiée à l'« éclaircissement » et à la « réévangélisation » de la Grèce chrétienne. La Fraternité fonda des milliers d'écoles de catéchèse du dimanche et de groupes d'étude. Cependant, elle introduisit également certaines doctrines, pratiques et formes de piété protestantes dans la vie de nombreux chrétiens orthodoxes grecs.

Le premier quart de siècle vit l'afflux de nombreux Grecs des territoires turcs en Grèce, notamment lors de la Guerre gréco-turque de 1919-1923, au cours de laquelle la Grèce fut vaincue par la nouvelle République de Turquie dirigée par Mustafa Kemal Atatürk (1881-1938). À cette époque, le patriarcat de Constantinople perdit un nombre considérable de membres, beaucoup d'entre eux émigrant vers d'autres régions, y compris le Nouveau Monde. Cette émigration naturelle fut encore renforcée par l'échange de population de 1923-1924. Conformément au traité de Lausanne de 1923, signé par toutes les grandes puissances européennes, la Grèce accepta de déporter autant de Turcs que possible vers la Turquie, et la Turquie accepta en retour de déporter autant de Grecs que possible vers la Grèce et les îles grecques.

Saint Arsenios de Cappadoce

Cela fut jugé la meilleure solution aux animosités récurrentes entre Grecs et Turcs en Turquie. Mais c'était en soi une mesure violente : des centaines de personnes perdirent la vie lors des marches forcées de cet échange de population. À l'âge de 83 ans, saint Arsenios de Cappadoce (1840-1924) conduisit avec succès quelque 480 familles de Cappadoce, au centre de la Turquie, vers les îles grecques lors de cet échange de population. Il mourut sur l'une des îles de la mer Égée quarante jours après son arrivée, comme il l'avait prédit.

En 1923, l'Église de Grèce adopta le calendrier julien révisé, et l'État interdit l'utilisation de l'ancien calendrier julien partout sauf au Mont-Athos. Cela entraîna la montée de plusieurs groupes d'anciens calendaristes qui furent persécutés par l'État. Cette persécution renforça ces groupes, qui existent encore aujourd'hui en schisme avec l'Église.

Les chrétiens en Grèce ont souffert de persécutions pendant la guerre civile (1944-1948) entre royalistes et communistes. Ensuite, le coup d'État de la junte militaire en 1967, ainsi que sa chute ultérieure en 1974, a entraîné des troubles dans les affaires de l'Église, particulièrement au niveau hiérarchique.

Plus récemment, l'Église a montré son leadership en soutenant de nouvelles communautés orthodoxes en Afrique et en s'adressant à la jeunesse de la Grèce moderne. En 2013, le hiérarque régnant de l'Église de Grèce était l'archevêque Ieronymos (Liapis) (né en 1938), qui a succédé à l'archevêque populaire Christodoulos (Paraskevaidis) (r. 1998-2008).

7.2.21 Le patriarcat œcuménique, le patriarche Athénagore

De 1948 à 1972, le patriarcat œcuménique de Constantinople fut dirigé par la figure imposante du patriarche Athénagore (1886-1972). Ce hiérarque de renommée mondiale se préoccupait principalement de la survie de son patriarcat en Turquie et de l'activité œcuménique. En janvier 1964, à Jérusalem, le patriarche rencontra le pape Paul VI de l'Église catholique romaine. Ce fut la première rencontre entre les primats des Églises orthodoxe et catholique romaine depuis 1439 au concile de Florence. En décembre 1965, ils publièrent des déclarations annulant les anathèmes de 1054, signalant ainsi une ère d'amitié entre les Églises dans leur quête mutuelle d'unité complète dans la vérité et l'amour. Les deux prélats se rencontrèrent à nouveau en 1967 à Constantinople et à Rome. Le patriarche Athénagore rencontra également personnellement des dirigeants de l'Église d'Angleterre et du Conseil œcuménique des Églises.

Pour ses paroles et actions audacieuses en faveur de l'unité chrétienne, notamment dans ses relations avec l'Église romaine, le patriarche Athénagore fut à la fois admiré et critiqué. Bien qu'il soit pratiquement identifié avec l'ensemble de l'orthodoxie dans l'esprit de la plupart des non-orthodoxes, le patriarche fut sévèrement critiqué par certains membres de l'Église orthodoxe pour avoir agi de manière indépendante et irresponsable, sans consultation appropriée avec les dirigeants de toutes les Églises orthodoxes. D'autres au sein de l'Église, principalement en Grèce, au Mont-Athos et en Amérique, critiquèrent non seulement la manière des actions du patriarche, mais aussi les actions elles-mêmes, comme étant une trahison de la foi orthodoxe.

7.2.22 Le Grand Concile proposé

En 1961, le patriarche Athénagore convoqua la première conférence des représentants de toutes les Églises orthodoxes autocéphales pour discuter des problèmes communs auxquels étaient confrontées les orthodoxies, et pour commencer les préparatifs sérieux en vue de la convocation d'un grand concile de l'Église orthodoxe — un concile proposé qui avait été discuté depuis des décennies. Cette conférence se tint sur l'île de Rhodes, en mer Égée.

En 1967, le patriarcat œcuménique refusa d'inscrire le problème des juridictions orthodoxes en Amérique à l'ordre du jour de la conférence panorthodoxe tenue cette année-là en Suisse. La demande avait été formulée par la Conférence permanente des évêques orthodoxes canoniques en Amérique.

Depuis lors, il y a eu quatre conférences préconciliaires spécifiquement désignées — à Chambésy, une banlieue de Genève, en Suisse, en 1976 ; à Rhodes en 1982 ; à Chambésy en 1986 ; et encore à Chambésy en 2009. C'est lors de cette dernière conférence que fut proposé pour la première fois le plan de réunir des assemblées d'évêques de toutes les juridictions canoniques dans des régions traditionnellement non orthodoxes.

7.2.23 Divers problèmes

Le patriarcat œcuménique continua à avoir des difficultés avec le gouvernement turc. L'élection hâtive du patriarche Démétrios (Papadopoulos) (r. 1972-1991), pour succéder à Athénagore en 1972, montra la continuité du pouvoir des autorités turques sur les affaires de l'Église orthodoxe sur son territoire. Le séminaire patriarcal sur l'île de Halki fut fermé en 1971 en raison de nouvelles réglementations turques.

Le patriarcat œcuménique fut également engagé dans une controverse avec l'Église de Grèce sur la juridiction des diocèses dans les « nouvelles terres » du nord de la Grèce. Et beaucoup de moines du Mont-Athos continuèrent à exprimer leur mécontentement à l'égard du leadership constantinopolitain en raison de ses politiques et activités œcuméniques. (De près de 6500 au début du siècle, le nombre de moines au Mont-Athos diminua à environ 1500 d'ici 1960.

Depuis lors, il y a eu un redressement constant en nombre et en vie spirituelle sur la Sainte-Montagne, grâce à un afflux de jeunes moines du monde entier.)

7.2.24 Le patriarche Bartholomée

Le patriarche Démétrios fut succédé par le patriarche Bartholomée (Archontonis) (né en 1940) en 1991. Le patriarche Bartholomée s'est tellement investi dans les préoccupations écologiques qu'il a été surnommé « le patriarche vert ». À son initiative, la conférence de Chambésy de 2009 a proposé la formation d'assemblées épiscopales dans chacune des 12 régions non traditionnellement orthodoxes, comme mentionné ci-dessus. Ces assemblées se sont réunies pour la première fois en 2010 et ont continué à avoir des réunions annuelles jusqu'en 2013.

7.2.25 La Serbie

L'Église orthodoxe en Serbie déclara son autonomie en 1832, après le succès de la Révolution serbe contre les Turcs ottomans. Ce statut fut officiellement reconnu par le patriarcat œcuménique en 1879. En 1920, le patriarcat serbe — perdu en 1459, récupéré en 1557 et perdu à nouveau en 1766 — fut restauré, avec son siège situé dans la capitale Belgrade. La même année 1920, l'Église fut officiellement séparée de l'État.

Pendant la Seconde Guerre mondiale, l'Église serbe a terriblement souffert aux mains des Oustachis croates, en alliance avec les nazis allemands. Le patriarche Gavrilo (Dozich) (1881–1950), ainsi que saint Nikolas Velimirovich, a été interné dans le camp de concentration nazi de Dachau, et environ 800 000 Serbes ont été déracinés ou massacrés par les Oustachis. Parfois, ils étaient tués pour avoir refusé de se convertir au catholicisme romain.

De 1945 à 1990, l'Église en Serbie (Yougoslavie) a continué de subir des persécutions sous le régime communiste établi par le maréchal Tito (1892–1980). En 1990, avec la fin de l'ère soviétique, le patriarche Paul (Stojchevich) (r. 1990–2009) s'est publiquement excusé pour toute collaboration avec les communistes et a proposé de démissionner. Cette offre a été rejetée par l'Église, et il a continué en tant que patriarche jusqu'à sa mort en 2009. Il a été succédé par le patriarche Irenej (Gavrilovich) (né en 1930), qui a continué à diriger l'Église de Serbie en 2013. En 2010, l'Église serbe a canonisé deux célèbres ascètes serbes : le père Justin Popovich (1894–1979) du monastère de Chelije, et le père Simeon Popovich (1854–1941) du monastère de Dajbabe.

7.2.26 La Roumanie

L'Église orthodoxe roumaine a déclaré son autocéphalie en 1859, lors de la formation de la nation roumaine moderne. Ce statut a été officiellement reconnu par le patriarcat œcuménique en 1885. En 1925, l'Église roumaine a reçu pour la première fois un patriarche, dont le siège est situé dans la capitale, Bucarest. À ce jour, cette Église reste l'Église d'État de la Roumanie, qui est la nation la plus profondément orthodoxe au monde. Les offices liturgiques sont célébrés en langue roumaine moderne. Les chrétiens roumains ont beaucoup souffert pendant l'ère communiste après la Seconde Guerre mondiale. La persécution a été atténuée par le fait que l'Église était fermement contrôlée par l'État et en raison des relations personnelles étroites entre certains dirigeants communistes et orthodoxes. Contrairement au gouvernement soviétique en Russie, le gouvernement roumain n'était pas déterminé à créer un État et une société athées. La liberté pour l'Église est venue à la fin de 1989 avec la chute du dictateur brutal Nicolae Ceaușescu (1918–1989). Le patriarche Teoctist (Arăpașu) (r. 1986–2007) a démissionné sous la pression pour collusion présumée avec le régime de Ceaușescu, mais il a été réintégré par le Saint-Synode de l'Église en avril 1990. En mai 1999, le pape Jean-Paul II a visité la Roumanie à l'invitation du patriarche Teoctist. C'était probablement la première fois qu'un évêque romain visitait la Roumanie. À la mort du patriarche Teoctist en 2007, il a été succédé par le patriarche Daniel (Ciobotea) (né en 1951), qui a continué de diriger l'Église de Roumanie en 2013. Selon le recensement de 2011, l'Église de Roumanie comptait plus de 16 millions d'adeptes, représentant environ 86 % de la population.

7.2.27 La Syrie et le Liban

En 1899, le patriarcat d'Antioche au Moyen-Orient a reçu son premier primat arabe depuis 1724, avec une aide considérable des Russes. Il s'agissait du patriarche Méletios II (Doumani), qui a régné jusqu'en 1906. À l'heure actuelle, tout le clergé supérieur est arabe. En 1942, un mouvement de jeunesse a été lancé, simplement appelé le Mouvement orthodoxe de la jeunesse. Principalement composé de laïcs, il a été particulièrement important pour insuffler une nouvelle vitalité à l'Église en Syrie et au Liban. Le groupe a été actif dans l'édition de livres et dans diverses formes d'actions sociales. Leur travail a été particulièrement apprécié durant les longues années de guerre civile de 1975 à 1990. Le patriarche Ignace (Hazim) IV (1921–2012), qui était membre du Mouvement orthodoxe de la jeunesse ainsi que d'autres qui sont devenus évêques de l'Église, a commencé son règne en tant que patriarche d'Antioche en 1979. En 1988, il a fondé l'Université de Balamand, qui est aujourd'hui responsable de l'École de théologie Saint-Jean-Damascène (fondée en 1970), le seul séminaire du patriarcat pour la formation des prêtres. En 2012, le patriarche Ignace est décédé. Il a été succédé par le patriarche Jean X (Yazigi) (né en 1955).

7.2.28 Jérusalem

Le patriarcat de Jérusalem continue à avoir à sa tête un primat grec, qui doit être membre de la Fraternité du Saint-Sépulcre, responsable de l'entretien des lieux saints en Terre sainte. Un conseil de prêtres arabes et de laïcs a été formé en 1911 pour participer au gouvernement de l'Église. Bien que la hiérarchie de l'Église soit toujours principalement grecque, les fidèles sont majoritairement des Arabes vivant dans l'autorité palestinienne et en Jordanie. Cela a été une source de mécontentement parmi les orthodoxes arabes, car ils ont ressenti que leurs besoins particuliers n'ont pas été suffisamment pris en compte par la hiérarchie grecque. En 2013, le patriarche de Jérusalem était le patriarche Théophile (Giannopoulos) III (né en 1952).

7.2.29 L'Afrique

Pendant des siècles, le ministère du patriarcat d'Alexandrie était principalement confiné à une communauté grecque relativement petite en Égypte, entourée par les Coptes, qui ont leur propre Église (non chalcédonienne) depuis le VIe siècle, ainsi que par les musulmans depuis leur prise de contrôle du pays au milieu du VIIe siècle. À la fin du XIXe siècle, le caractère du patriarcat a commencé à changer, alors que des marchands grecs et libanais se sont répandus à travers le continent, établissant parfois leurs propres paroisses. Une confusion juridictionnelle a été évitée par un accord général conclu dans les années 1920 selon lequel toutes les Églises orthodoxes en Afrique seraient incluses dans le patriarcat d'Alexandrie. Au XXe siècle, le patriarcat a également fait des efforts pour encourager l'orthodoxie parmi les Africains vivant au sud du désert du Sahara. Ces efforts ont été soutenus par les Églises en Grèce et à Chypre, qui ont construit dans les années 1970 le séminaire de l'archevêque Makarios à Nairobi, au Kenya, pour servir toute l'Afrique de l'Est. Dans les années 1920, plusieurs Africains autochtones au Kenya ont découvert l'Église orthodoxe à travers leurs propres études et ont rassemblé des fidèles. En 1946, les chrétiens orthodoxes du Kenya et de l'Ouganda ont été officiellement accueillis dans le patriarcat d'Alexandrie. En 1973, quatre évêques ont été consacrés pour les orthodoxes en Afrique de l'Est, dont deux des leaders originaux du groupe : Reuben Spartas Mukasa (1899–1988) et Théodore Nankyamas. Mukasa avait été ordonné prêtre pour la première fois en 1932 par un évêque de l'Église orthodoxe africaine non canonique, fondée en Amérique dans les années 1920 sous Marcus Garvey. De 1997 à 2004, le patriarche Pierre (Papapetrou) VII (1949–2004) a dirigé l'expansion de son Église à travers toute l'Afrique, y compris dans certains pays arabes musulmans. Son ministère a été tragiquement interrompu lorsqu'il a été tué dans un écrasement d'hélicoptère qui a également coûté la vie au dynamique évêque de Madagascar, Mgr Nectaire. Le patriarche Pierre a été succédé par le patriarche Théodore II (Choreftakis) (né en 1954) en 2004. Il a continué de diriger ce patriarcat en 2013. Bien que le patriarche d'Alexandrie et de toute l'Afrique soit resté grec, en 2013, il y avait plusieurs évêques africains autochtones, dont le dynamique métropolite Iéronymos (Muzeeyi) de Mwanza, en Tanzanie (né en 1963).

7.2.30 La Pologne

L'Église orthodoxe en Pologne a reçu son autocéphalie du patriarcat œcuménique en 1924. Cela a été reconnu par l'Église de Russie en 1948. Lorsque l'Union soviétique a annexé l'est de la Pologne après la Seconde Guerre mondiale, l'Église orthodoxe polonaise a perdu environ 80 % de ses membres. Après que la Pologne a obtenu sa liberté politique en 1991, mettant fin à son statut de satellite de l'Union soviétique, le nouveau gouvernement a accordé à l'Église orthodoxe un statut juridique égal à celui de l'Église catholique romaine prédominante. Cette loi a également permis aux orthodoxes de récupérer les biens précédemment saisis par l'Église romaine. Depuis 1998, l'Église polonaise est dirigée par le métropolite Sava (Hrycuniak) (né en 1938). En 2013, l'Église polonaise comptait environ 600 000 membres, répartis dans sept archidiocèses, dont un en Amérique du Sud centré à Rio de Janeiro.

7.2.31 L'Albanie

En 1937, l'Église albanaise au pays natal a reçu son autocéphalie du patriarcat œcuménique. En 1939, après l'occupation fasciste de l'Albanie par l'Italie, une tentative a été faite pour unir l'Église orthodoxe albanaise avec l'Église de Rome, mais cela a échoué. En 1945, avec la prise du pouvoir par les communistes en Albanie, l'Église a été soumise à diverses formes de persécution. À partir de 1967, le gouvernement communiste d'Albanie a commencé à soumettre les chrétiens et les musulmans à la persécution la plus intense de toutes, cherchant à établir un État et une société complètement athées. En 1991, après la chute du régime communiste, le patriarcat œcuménique a nommé Anastasios (Yannoulatos) (né en 1929) comme exarque patriarcal. L'année suivante, il a été fait archevêque de Tirana et de toute l'Albanie, avec trois autres métropolites diocésains, tous d'origine grecque. Les autorités civiles ont fortement opposé cette nomination pour des raisons nationalistes. Elles ont finalement accepté l'arrangement après que deux des métropolites grecs ont été remplacés par des Albanais nés dans le pays, et un synode a été formé pour élire officiellement Anastasios comme primat.

L'Église en Albanie a connu une récupération miraculeuse sous la direction énergique, missionnaire et sociale de l'archevêque Anastasios. Il continuait de diriger l'Église en 2013. En 2013, l'Église albanaise comptait 909 paroisses et environ 500 000 fidèles.

7.2.32 La Bulgarie

En 1870, les Bulgares de l'Empire ottoman ont obtenu la permission du sultan d'avoir leurs propres paroisses, sous un Exarchat de l'Église de Constantinople. Un concile tenu à Constantinople deux ans plus tard a condamné ce développement comme l'hérésie du phylétisme (ou ethnicisme ; défini comme la création d'une Église basée sur l'ethnicité de ses membres). Lorsque les Bulgares ont refusé de céder, ils ont été excommuniés, et le soi-disant « schisme bulgare » a commencé. La réconciliation n'a été réalisée qu'en 1945, lorsque le patriarcat de Constantinople a reconnu une Église bulgare indépendante dans les frontières de la nation bulgare moderne. En 1953, l'Église bulgare a proclamé métropolite Cyrille de Sofia comme patriarche, restaurant ainsi la charge qui avait été perdue en 1393 lorsque les Bulgares sont devenus sujets des Turcs ottomans. Constantinople a officiellement reconnu le patriarcat de Bulgarie en 1961. Le patriarche Maxim (Minkov) (1914–2012) a dirigé le troupeau bulgare de 1971 jusqu'à sa mort en 2012. Avec l'effondrement du gouvernement communiste, au début des années 1990, certaines paroisses se sont séparées du patriarche Maxim, l'accusant de collaboration avec l'ancien régime. Ils se sont organisés en un synode alternatif. La réconciliation n'avait toujours pas été réalisée en 2013. Le patriarche Maxim est décédé en novembre 2012. En février 2013, il a été succédé par le patriarche Néofit (Dimitrov) (né en 1945), qui était le métropolite de Ruse en Bulgarie. Musicien d'église expert et théologien érudit, il était connu pour avoir entretenu une relation étroite avec le patriarche Maxim. En 2013, l'Église bulgare comptait environ 6,5 millions de membres, avec 1,5 à 2 millions supplémentaires dispersés dans d'autres parties du monde.

7.2.33 La Géorgie

Selon la tradition, l'apôtre André a été le premier missionnaire à prêcher le christianisme dans ce qui est aujourd'hui la République de Géorgie, dans la région des montagnes du Caucase à l'est de la mer Noire. Vers l'an 330, une femme originaire de Cappadoce en Asie Mineure centrale, nommée Nino (ou Nina), est arrivée en Géorgie en tant que missionnaire. Après avoir converti le roi Mirian et la reine Nana à la foi chrétienne, tout le pays est devenu chrétien. Ainsi, la Géorgie est devenue la deuxième nation chrétienne, après l'Arménie (vers 300). Sainte Nina de Géorgie est la sainte patronne de la nation.

À travers les siècles, la culture et la société de la Géorgie ont été profondément imprégnées par le christianisme orthodoxe, ce qui a permis au peuple de rester ferme dans sa foi malgré les périodes de domination par les Perses zoroastriens, les Arabes musulmans, les Mongols et les Turcs ottomans. Dix ans après que la Géorgie a été absorbée dans l'Empire russe en 1801, l'Église a été subordonnée à l'Église russe. L'Église a retrouvé son autocéphalie en 1917, mais pendant l'ère soviétique, elle a subi une persécution extrêmement sévère. De 2 455 paroisses en 1921, il n'en restait que 25 ouvertes en 1977, ainsi que quatre petits monastères.

À partir de 1977, l'Église géorgienne a connu une grande renaissance sous la direction du catholicos-patriarche Ilia (Ghudushauri-Shiolashvili) II (né en 1933), stimulée par sa critique ouverte de l'idéologie soviétique. En 2003, il y avait 550 paroisses avec 1100 clercs, ainsi que 65 monastères. En 2013, environ 80 % de la population était orthodoxe, l'Église étant toujours dirigée par le catholicos-patriarche Ilia.

En 2013, l'Église en Géorgie comptait environ 3,6 millions de membres, représentant environ 84 % de la population, selon le recensement de 2002. L'Église comprend environ 33 diocèses, desservis par quelque 550 paroisses et 730 prêtres.

Saint Jean Maximovitch

7.2.34 Saint Jean Maximovitch

De 1962 jusqu'à sa mort en 1966, le vénérable thaumaturge et ancien clairvoyant saint Jean (Maximovitch) (1896–1966) était l'archevêque de San Francisco pour l'Église russe hors frontières (ROCOR). Il a été glorifié comme saint par ROCOR en 1994. Sous la direction du métropolite Laurus (Skurla) (r. 2001–2008), les relations se sont considérablement améliorées entre ROCOR et le patriarcat de Moscou, menant à une pleine réconciliation en mai 2007, tout en permettant à ROCOR de maintenir son existence administrative indépendante. En 2013, plusieurs de ses paroisses n'avaient pas encore accepté la réconciliation et étaient donc restées en schisme.

7.2.35 Saint Silouane du Mont-Athos

En 1922, le patriarche œcuménique Meletios (Metaxakis) (1871–1935) établit le diocèse de Thyatire pour prendre soin de tous les chrétiens orthodoxes grecs vivant en Europe occidentale et centrale. À partir de 1988 et jusqu'en 2013, cette entité a été dirigée par Grégoire (Theocharous), archevêque de Thyatire et de Grande-Bretagne, et exarque d'Europe occidentale, d'Irlande et de Malte. En 2013, cette juridiction comptait environ 100 paroisses en Grande-Bretagne, ainsi que le célèbre monastère de Saint-Jean-le-Baptiste, fondé en 1959 à Essex, en Angleterre, par le père Sophrony (Sakharov) (1896–1993), le disciple le plus célèbre de saint Silouane du Mont-Athos (1866–1938).

Environ 20 anciennes paroisses anglicanes ont rejoint l'Église orthodoxe d'Antioche dans les années 1990. De 2008 à 2012, ces paroisses étaient sous la responsabilité du métropolite Jean (Yazigi) d'Europe occidentale et centrale, résidant à Paris. Maintenant connue sous le nom d'Archidiocèse d'Antioche d'Europe, cette juridiction a également des paroisses en Autriche, en Allemagne, en Suisse, ainsi qu'en France. En janvier 2013, un successeur n'avait pas encore été nommé pour remplacer le métropolite Jean, élu nouveau patriarche d'Antioche en décembre 2012. Le métropolite Laurus a été remplacé en 2008 par le métropolite Hilarion (Kapral). Né en Alberta, Canada, en 1948, il a continué de diriger son Église en 2013. En 2013, un nombre significatif de paroisses serbes et roumaines existaient également en Grande-Bretagne et en Europe occidentale.

8.

Saint Germain, thaumaturge d'Alaska (1837) fête le 9 décembre[2]

Saint Germain d'Alaska est né dans une famille de commerçants à Serpoukhov (province de Moscou). Il entra au monastère de Saint-Serge, près de Pétersbourg à l'âge de seize ans, en 1772. Comme il était atteint d'un grave abcès au menton et que sa vie était menacée, il essuya avec un linge l'icône qu'il avait de la Sainte Vierge, fit un pansement avec ce linge et s'endormit. La Sainte Vierge lui apparut en rêve, le guérissant et il se réveilla guéri, seule une petite trace lui resta en souvenir de son mal. Six ans après il faisait profession au monastère de Valaam et reçut le nom de Hermann (Germain).

En 1793, une mission fut envoyée de Valaam aux îles Aléoutiennes qui venaient d'être découvertes par des explorateurs russes. Cette mission était composée de dix moines, dont Germain ; ils avaient à leur tête l'archimandrite Josaphat qui devint plus tard évêque. Le voyage dura six mois et les navigateurs furent à deux reprises sur le point de faire naufrage. La mission s'établit à l'île de Kadiak, y fonda une église et commença avec succès son activité apostolique. Les Aléoutes se convertissaient par milliers.

Saint Germain fut au début le boulanger de la mission. Ses lettres au père higoumène Nazaire de Valaam, où il parle de la ferveur des missionnaires, nous sont restées. Sur lui-même, il écrit : « Ni la Sibérie terrible et infranchissable, ni les forêts profondes, ni les grands fleuves, ni le terrible océan n'effacent en mon cœur le souvenir de vos bontés paternelles. » Mais la volonté de Dieu s'exprima : en 1790, le père Juvénal subit le martyre en Alaska, l'évêque Josaphat périt avec quelques compagnons dans un naufrage ; les autres missionnaires étaient morts ou rentrés en Russie.

Demeuré seul, le père Germain s'établit à Spruce Island, non loin de Kadiak et commença à mener une vie ascétique. Il habita d'abord une caverne qu'il désigna plus tard pour son lieu de sépulture. Puis il fonda un petit ermitage et entretint un jardin. Il se nourrissait une fois par jour avec un peu de poisson et portait sous sa robe un sous-vêtement en peau de renne qui resta toujours le même jusqu'à sa mort. Il portait sur sa poitrine une croix de fer qui pesait quinze livres et qui est gardée à présent pieusement dans l'église de Kodiak. Il avait pour lit une planche avec des tuiles pour oreiller, le tout recouvert d'une peau de renne. Une planche (dont fut recouvert son cercueil) lui servait de couverture.

Son disciple, l'Aléoutien Ignace Aliguiapa, disait de lui : « Apa (c'est-à-dire grand-père, ainsi l'appelaient les Aléoutes) menait une vie très pénible et personne ne peut imiter sa vie ». On lui demandait : « Comment pouvez-vous vivre seul dans la forêt ? » Il répondait : « Je n'y suis pas seul. Dieu est là et Il est partout. Là sont Ses saints Anges. Peut-on s'ennuyer avec eux ? Avec qui est-il plus doux de vivre ? Avec les hommes ou avec les Anges ? Avec les Anges certainement ! »

Il aimait les pauvres Aléoutes avec une tendresse toute paternelle ; il était toujours soucieux d'eux et défendait résolument leur cause devant le pouvoir civil. Les Aléoutes lui répondaient par une affection toute filiale et avaient foi en lui. Sa vie ascétique et sa prière perpétuelle lui avaient attiré la grâce divine ; plusieurs dons célestes lui furent accordés. Il lisait les pensées humaines les plus secrètes et c'est pourquoi ses enfants spirituels pouvaient facilement lui ouvrir leur cœur. Les Aléoutes, hommes, femmes et enfants le visitaient en foule pour lui demander conseil, instruction, prière, aide dans leur misère, défense devant le pouvoir. Il les consolait tous et les soutenait. Il était aimé surtout par les enfants qui accouraient à lui ; il les caressait et leur distribuait des friandises et des gâteaux qu'il leur préparait lui-même. Lorsque l'île de Kadiak fut frappée par une terrible épidémie, il y séjourna un mois, jusqu'à la fin du fléau. Il soignait les malades, priait avec eux et les préparait à la mort. Il n'était pas prêtre.

Il organisa ensuite sur son île un asile pour les nombreux orphelins qu'il faisait vivre grâce à son travail : il n'avait pas d'autres ressources. Il leur enseignait l'Évangile et le chant. Sa fille spirituelle, Sophie Vlassoff, une créole, s'occupait des petites filles. Chaque dimanche et jour de fête les Aléoutes se réunissaient chez le saint vieillard. Un des enfants récitait les prières. Saint Germain lisait l'évangile et l'épître du jour et les commentait. Les enfants chantaient en chœur et ils chantaient bien.

La colonie de l'Alaska était gouvernée par la Société de Commerce russe. Les colonisateurs étaient des gens sans principes religieux ou moraux, ils étaient avides de gain et souvent inhumains. La mission, elle, défendit, dès son arrivée, la cause des indigènes, ce qui explique leur rapide christianisation. Mais ce fut également pour cette raison que la mission ne fut pas renouvelée après la mort de ses membres. Bien qu'il ne fût pas un missionnaire officiel, saint Germain suivit l'exemple de ses prédécesseurs et cela lui attira de nombreux désagréments. Il feignait de les ignorer.

Mais les Aléoutes, simples et confiants, n'étaient pas les seuls à bénéficier de son influence bienfaisante. Il en était de même pour les Russes, même avec ceux qui ne connaissaient ni le Christ ni ses commandements. Le gérant de la colonie, Yanovsky, beau-fils et successeur de Baranoff le fondateur, homme athée et hostile au saint vieillard, se transforma sous son influence. Devenu son fils spirituel, il écoutait religieusement toutes ses paroles. Il fit profession dans un monastère du diocèse de Kalouga à la fin de sa vie. Sa fille, moniale elle aussi, fit le portrait de saint Germain. Voici un récit de Yanovsky :

> Un jour une frégate militaire russe arriva à Kodiak et saint Germain fut invité par le capitaine. Les officiers se réunirent autour de lui. Ils étaient vingt-cinq, tous distingués et hommes du monde. Le saint vieillard commença par leur poser une question générale : « Messieurs, qu'est-ce que vous aimez le plus au monde et que désirez-vous pour votre bonheur ? » Toutes les réponses furent identiques : la richesse, la gloire, une femme belle, le commandement d'un beau vaisseau, etc. Le saint vieillard répliqua : « Vos réponses ne prouvent-elles pas que chacun désire ce qu'il trouve de meilleur et de plus digne d'être désiré ? » Ils répondirent : « Oui, c'est vrai ! » Il continua : « Ne trouvez-vous pas tous que tout ce dont vous avez parlé n'est pas le meilleur et le plus parfait dans le monde ; mais que le plus digne d'être aimé est notre Seigneur Jésus-Christ ; il nous a créés ; il a donné la vie à tout ce qui existe ; il nous nourrit et nous aime tous ; il est l'amour même et le plus parfait de tous les hommes. Ne faut-il pas l'aimer plus que toute créature, le chercher et le désirer ? » — Tout le monde répondit :

> « Oui, bien sûr, cela va de soi ». Alors le saint vieillard leur demanda : « Aimez-vous Dieu ? » Tous répondirent : « Certainement nous

aimons Dieu. Comment peut-on ne pas l'aimer ? Le saint répliqua :
« Et moi, pauvre pécheur, je m'efforce depuis quarante ans d'aimer
Dieu d'un amour parfait et ne peux dire que j'aie réussi. Nous
pensons toujours à celui que nous aimons, nous nous efforçons de le
réjouir, nous pensons à lui jour et nuit. Est-ce ainsi, messieurs, que
vous aimez Dieu ? L'invoquez-vous souvent ? Le priez-vous toujours
? Exécutez-vous ses saints commandements ? » Ses interlocuteurs
durent avouer que non. « Alors, promettons-nous, au nom de notre
bien moral, conclut le saint vieillard, de nous efforcer d'aimer Dieu
plus que tout et d'exécuter sa sainte volonté ». Tout le monde était
impressionné et se taisait. « Nous étions muets devant lui », dit le
capitaine en terminant son récit à Yanovsky.

Même les animaux subissaient l'influence de saint Germain. Il y avait à côté de
son ermitage une famille d'hermines. Ces petits animaux, craintifs par nature, le
visitaient et mangeaient dans sa main. On l'a vu plus d'une fois nourrir un ours.
Après sa mort, les oiseaux disparurent de l'île.

Il y eut un jour une tempête telle que les vagues menaçaient l'île. Les
Aléoutes accoururent terrifiés. Mais saint Germain prit son icône de la Sainte
Vierge, la plaça devant les vagues énormes, s'agenouilla, et après une courte
prière, il dit : « Ne craignez rien ; l'eau ne dépassera pas la sainte icône ». Il
en fut ainsi et saint Germain remit son icône à Sophie Vlassoff et lui ordonna
de la placer toujours à l'encontre des vagues. Et à chaque tempête les vagues
s'arrêtaient.

Une autre fois, il y eut un incendie de forêt. Saint Germain et son disciple
Ignace Aliguiapa creusèrent un long et profond sillon, arrachant la mousse. Puis
saint Germain dit : « Maintenant, calme-toi. Le feu ne dépassera pas ce sillon
». Quand les flammes approchèrent avec grande violence du sillon tracé, elles
coururent tout au long de ce sillon et s'éteignirent. Pas un arbre ne fut touché.

Saint Germain avait prédit que l'Amérique du Nord aurait son évêque
orthodoxe. Il avait dit que trente ans après sa mort, on se souviendrait de lui. En
effet, en 1867, l'higoumène du monastère de Valaam, le père Damascène, trouva
ses lettres adressées à l'higoumène Nazaire et se rappela le père Germain. Il avait

prédit qu'à Spruce Island viendrait vivre un moine qui fuirait le monde comme lui ; ce fut l'archimandrite Guérassime qui y demeura quarante ans et mourut en 1969. Il avait prédit qu'il serait enterré sans prêtre par les Aléoutes, ses disciples de Spruce Island. Il en fut ainsi. Seule doit encore s'accomplir sa prédiction d'un monastère orthodoxe sur l'île de Kadiak.

Enfin arriva le jour où il ordonna à son disciple Guérassime d'allumer les cierges et de lui lire les Actes des Apôtres. Tout à coup sa figure s'illumina d'un sourire radieux et il dit que le Seigneur lui accordait encore une semaine de vie. La semaine s'étant écoulée, il fit rallumer les cierges et recommencer la lecture des Actes des Apôtres. Il pencha doucement sa tête sur la poitrine de Guérassime, sa figure rayonnait de joie et il rendit paisiblement son âme au Seigneur le 13/26 décembres 1837, à 80 ans.

Le gérant de la colonie, Kachevaroff, fit savoir que l'on attend, pour l'enterrer, son arrivée, car il voulait amener un prêtre et un cercueil. Une tempête soudaine et épouvantable éclata et ni Kachevaroff ni le prêtre ne purent venir. Un mois passa pendant lequel le corps du défunt resta incorruptible. Enfin, au bout d'un mois, on apporta avec beaucoup de difficultés un cercueil et les Aléoutes enterrèrent seuls leur « Apa » bien-aimé, selon la prédiction de ce dernier.

En 1841, le futur métropolite Innocent, qui était alors missionnaire, fut surpris par une tempête pendant sa traversée vers Kodiak. Il regarda vers la direction de Spruce Island et dit : « père Germain, si tu as obtenu la grâce de Dieu, change le vent ». Un quart d'heure plus tard, le calme régnait sur l'océan. Quand il parvint à l'île aux Épinètes (Spruce Island), le missionnaire rescapé célébra avec reconnaissance l'office des défunts sur la tombe du bienheureux père Germain.

Le 27 juillet/9 août 1971 eut lieu la canonisation de saint Germain, thaumaturge de l'Alaska et premier saint orthodoxe du continent américain.

9.

La vie de saint Innocent d'Alaska[3]

On peut lire dans les registres de l'état civil de la ville d'Anginskoe du district d'Irkoutsk, en Sibérie orientale, cette banale inscription : « Le 26 août 1797, la femme du sacristain de l'église Saint-Élie-le-Prophète, Eusèbe Popov, a donné naissance à un fils qui a été prénommé Jean. »

Ainsi commença la vie terrestre de celui qui devait devenir le grand et saint évêque Innocent Veniaminov. Son père, bien que d'une très mauvaise santé, s'occupa lui-même de l'instruction du petit garçon dès que ce dernier eût atteint l'âge de cinq ans, et en moins d'un an Jean sut lire et écrire. Eusèbe mourut peu après, à l'âge de quarante ans, laissant sa femme et ses quatre enfants dans un grand dénuement. Son frère, Dimitri Popov, diacre de la même paroisse, recueillit l'enfant et prit en main son éducation. Jean était très doué, si bien qu'à sept ans il était chargé de lire l'Épître pendant la Divine Liturgie et le faisait d'une voix si claire et si vibrante que les paroissiens en étaient fort édifiés. Devant ses succès et l'affection de tous envers lui, sa mère essaya de le faire nommer au poste de son père, resté vacant, ce qui lui aurait permis de subvenir aux besoins de la famille. Mais telle n'était pas la volonté de Dieu. À l'âge de neuf ans, Jean, dont l'intelligence était pleine de promesses, fut envoyé au séminaire théologique d'Irkoutsk. Cette même année son oncle Dimitrj, ayant perdu sa femme, devint moine à Irkoutsk où il fut ordonné prêtre sous le nom de David. Il put ainsi continuer à veiller de près sur son bien-aimé neveu.

Au séminaire. Jean devint rapidement le meilleur élève de sa classe. Il était grand, bien découplé et de belle apparence, mais son caractère studieux, et sa maturité précoce, ne le rendaient pas très populaire auprès de ses condisciples, aussi passait-il une grande partie de ses loisirs dans l'atelier de mécanique du père David. Il acquit ainsi une connaissance de la mécanique qui devait lui être très utile par la suite. Le jeune homme lisait énormément : en plus des œuvres spirituelles, il aimait étudier l'histoire, l'astronomie, la botanique et autres matières scientifiques. Après avoir lu dans un livre du professeur Hallé des descriptions d'appareils mécaniques anciens, Jean construisit avec comme seuls outils un couteau ordinaire et un poinçon pour tailler et travailler le bois, une horloge à eau qui fonctionnait à merveille. De l'eau, contenue dans un récipient d'écorce de bouleau, tombait goutte à goutte sur une plaque de métal pour donner l'illusion du tic-tac, et une clochette sonnait les heures. Inutile de dire que cette ingénieuse horloge impressionna vivement les camarades de Jean et les habitants d'Irkoutsk, d'autant plus que les horloges, de quelque sorte que ce soit, étaient alors très rares en Sibérie. Il inventa également une montre solaire de poche dont le mécanisme était si simple qu'il fut en mesure d'en fournir à tous ses camarades. Ceux-ci commencèrent dès lors à considérer d'un autre œil cet élève exceptionnel.

Dans les premières années du 19e siècle, l'évêque Michel d'Irkoutsk décida de faire construire une horloge pour le clocher de la cathédrale. Il fit venir un fabricant d'horloges de Russie occidentale. Jean Popov, enchanté, passait tout son temps libre avec l'artisan dont il devint bientôt le précieux assistant, aidant à tailler les énormes rouages, faisant preuve d'une compétence remarquable. L'évêque s'inquiéta de voir Jean passer autant de temps à ce travail, craignant qu'il ne négligeât ses études. Il n'en était rien cependant, car Jean trouvait le moyen de faire ses devoirs et de rester à la tête de sa classe dans toutes les matières. Le nom de Popov ; était tellement commun dans la région que la tenue des registres et l'établissement de statistiques en étaient rendus difficiles. Le nouveau recteur, nommé en 1814, demanda aux élèves portant ce nom de bien vouloir en accepter un autre, généralement en rapport avec le lieu de leur naissance. À cette occasion, une mesure spéciale fut prise à l'égard de Jean. L'évêque vénéré et très aimé d'Irkoutsk, Benjamin (Veniamin), venait de mourir. Puisque Jean était l'élève le plus estimé et le plus doué de tous. Il porterait le nom du défunt évêque — Veniaminov.

L'an 1817 représenta un moment décisif pour le jeune homme. Il lui fallut à cette époque choisir entre le mariage et les études supérieures. Il opta pour le mariage et cela changea le cours de sa vie. Il termina ses études au séminaire, en 1818. En juin de cette même année arriva l'ordre d'envoyer deux étudiants du séminaire d'Irkoutsk à l'Académie de Théologie de Moscou. Jean était de toute évidence le candidat qui s'imposait, mais son mariage l'empêcha d'être nommé. Voici ce qu'il écrivit plus tard à ce propos : « Le recteur voulait me mettre sur les rangs, ainsi qu'il m'en informa personnellement par la suite. Quant à la raison pour laquelle il n'empêcha pas mon mariage, c'est qu'il ne fut pas en mesure de le faire à cause d'un Incident très rare qui eut lieu alors. La rivière Angara qui sépare le séminaire et la résidence de l'évêque se trouva être en crue à l'époque où je décidai de me marier. Elle resta infranchissable pendant quelque temps. C'est ainsi que je me suis marié sans que l'évêque en fût informé. Sans cette circonstance, je n'aurais pas pu me marier, et j'aurais été envoyé à l'Académie au lieu d'aller en Alaska. »

Jean avait été ordonné diacre en 1817 et affecté à l'église de l'Annonciation d'Irkoutsk. Lorsqu'il termina ses études au séminaire, il fut nommé professeur à l'école paroissiale. C'est le 18 mai 1821 qu'il a été ordonné prêtre. Pendant la courte période d'environ deux ans où il fut prêtre de paroisse, il gagna l'amour et l'estime de ses fidèles qui n'oublièrent jamais sa bonté, son travail pastoral et les offices sereins et pleins de Joie qu'il célébrait.

En 1823, le Saint Synode demanda à l'évêque d'Irkoutsk de nommer un prêtre pour l'île d'Unalaska dont les habitants avaient embrassé la foi chrétienne. Pour beaucoup de Russes, l'Alaska (2) semblait être au bout du monde et personne ne voulait s'aventurer dans cette terre inconnue et désolée. En fait, tout le clergé d'Irkoutsk refusa ce poste, y compris le père Jean Veniaminov. Finalement, l'évêque choisit quatre diacres et décida qu'à l'exemple des saints Apôtres, on tirerait au sort pour savoir qui serait envoyé. Tous acceptèrent de s'en tenir au résultat du tirage au sort, mais quand le sort tomba sur le diacre de la cathédrale, le frère Malinine, il refusa d'accepter en disant : « Mieux vaudrait encore l'armée que l'Amérique ». (Ce diacre fut par la suite défroqué, il s'engagea dans l'armée et mourut en soldat, regrettant son entêtement.)

Entre-temps, le père Jean Veniaminov avait fait la connaissance de Jean Krukov, un russe qui avait vécu à Unalaska avec les Aléoutes pendant près de quarante ans. Il était revenu à Irkoutsk pour tenter de convaincre un prêtre de se rendre à Unalaska.

Le père Jean raconte : j'étais présent lorsque Jean Krukov prit congé de l'évêque. Il commença à parler de l'ardeur des Aléoutes à la prière et à l'écoute de la Parole de Dieu (que le nom du Seigneur soit béni !). Tout à coup, je me sentis rempli, comme d'un feu dévorant, du désir d'aller vers de telles gens. Je me souviens clairement combien je brûlais d'impatience en attendant le moment d'informer l'évêque de mon intention, et comme il a semblé en être surpris, me répondant simplement : « Nous verrons. ».

69

L'évêque, ne voulant pas perdre un si excellent prêtre, fit attendre sa décision pendant un certain temps. Finalement, voyant que le jeune prêtre était résolu à partir, il lui donna sa bénédiction et le nomma missionnaire pour la région d'Unalaska. C'est le 7 mai 1823 qu'une petite troupe prit le départ pour l'extraordinaire aventure. Elle était composée de cinq personnes : le père Jean, sa femme et leur petit garçon Kenya, la mère de sa femme et le frère du père Jean, Stéphane, ordonné lecteur avant le départ. Ils s'arrêtèrent dans la ville natale du père Jean, où ce dernier célébra la divine Liturgie et dit les prières spéciales pour les voyageurs. Ils arrivèrent au fleuve Léna le 9 mai et s'embarquèrent sur une péniche. La Léna coule lentement vers le nord, à travers des contrées sauvages où l'on ne peut voir aucun signe de vie à des centaines de kilomètres à la ronde.

La descente de la Léna, sur une distance d'environ 2 000 kilomètres, fut la partie la plus facile du voyage. À Yakoutsk les voyageurs quittèrent la péniche et partirent à cheval pour parcourir les 1 000 kilomètres qui les séparaient du port d'Okhotsk. Dans cette région marécageuse, infestée de mouches venimeuses dont la piqûre est extrêmement douloureuse, chaque caravane doit trouver son propre chemin, car aucune piste ne subsiste dans les marais. À l'époque du voyage du père Jean et de sa famille, les hauts cols de montagnes étaient encore couverts de neige, alors que dans les vallées les rivières étaient déjà en crue par la fonte des neiges. Les chevaux s'enfonçaient parfois dans la boue jusqu'à mi-ventre et il fallait du temps et beaucoup de travail pour les tirer de là.

Enfin, par la grâce de Dieu, les voyageurs arrivèrent au terme de ce pénible trajet et c'est avec joie qu'ils humèrent enfin la brise marine, entendirent les vagues battant les côtes rocheuses et aperçurent le haut des mâts des navires du port d'Okhotsk. La petite troupe exténuée put prendre un peu de repos avant de s'embarquer pour une longue et incertaine traversée. Le navire fit escale à Sitka, et le 29 juillet 1824, un an et deux mois après avoir quitté Irkoutsk, nos pèlerins arrivèrent enfin à destination. Le père Jean Veniaminov, premier prêtre de cette région du monde, était arrivé dans sa paroisse.

L'une des premières tâches du père Jean fut de construire une grande église. Les Aléoutes furent dans l'admiration devant l'habileté et la dextérité de leur prêtre et montrèrent un grand désir d'apprendre tout ce qu'il pouvait leur enseigner. Le père Jean construisit l'iconostase et l'autel de ses propres mains. L'église fut achevée après un an de travail et fut consacrée le 29 juillet 1826 à l'Ascension de Notre Seigneur. Dieu et Sauveur Jésus-Christ.

Une autre tâche très importante fut d'apprendre la langue du pays et de se familiariser avec les nombreux dialectes de cette immense paroisse. L'Église orthodoxe a toujours considéré comme une nécessité impérieuse de traduire les Saintes Écritures, les offices liturgiques et tout l'enseignement de la foi, dans les langues locales. Le prêtre Jean réussit rapidement à apprendre le dialecte Fox de la langue aléoute, parlé à Unalaska. Cet homme remarquable commença très tôt à créer un alphabet et à donner une forme écrite au langage des Aléoutes. Il composa la première grammaire et traduisit — et écrivit — plusieurs livres, y compris des manuels professionnels et techniques, des livres de classe, ainsi que des textes liturgiques.

La paroisse d'Unalaska s'étendait sur de vastes distances, comprenant de nombreuses îles. Le père Jean faisait ses tournées dans de petites pirogues aléoutiennes (bidarka) où il devait se trouver très à l'étroit. Le climat est excessivement rude : du brouillard et des vents très forts presque toute l'année avec cinquante jours au maximum de beau temps par an.

Le père Jean relate un épisode extraordinaire d'un de ses voyages, qui révèle la ferveur profonde avec laquelle certains Aléoutes accueillaient la foi orthodoxe. Le sacré n'était d'ailleurs pas absent de leur vie avant l'arrivée du prêtre.

En 1828, raconte le père Jean, « je me rendis en bidarka à l'île d'Akun. C'était pendant le Grand Carême et je devais préparer les Aléoutes à la Sainte Communion. Lorsque j'approchais de l'île, je fus surpris de voir les habitants du village vêtus de leurs plus beaux habits réunis sur le rivage pour m'attendre. Devant mon étonnement, ils m'expliquèrent qu'ils savaient que j'arrivais et qu'ils étaient venus me souhaiter la bienvenue et me manifester leur joie. Le shaman, le vieux Smirennikov, leur avait dit que je devais arriver ce jour-là pour leur parler de Dieu et leur enseigner comment prier. Il m'avait décrit exactement sans m'avoir jamais vu.

Plus tard je rencontrai le vieux Smirennikov. Âgé de soixante ans environ, on l'appelait « shaman » parce qu'il pouvait faire des choses extraordinaires et inexplicables. On racontait le cas d'une femme qui s'était pris la jambe dans un piège et avait été gravement blessée au genou par les pointes aiguës, longues de cinq centimètres, du levier du piège. La plaie s'était infectée et la pauvre femme était à l'article de la mort. Le shaman appelé auprès d'elle avait récité des prières puis déclaré qu'elle serait sauvée. En effet, à la surprise générale, la femme s'était levée le lendemain matin complètement guérie et sans qu'aucune trace de blessure ne soit visible. Une autre fois, pendant l'hiver de 1825, les habitants de l'île d'Akun se trouvèrent dépourvus de toute nourriture. Ils demandèrent au shaman de faire venir une baleine pour les empêcher de mourir de faim. « Je le demanderai », dit-il. Un peu plus tard, il leur dit de se rendre dans une certaine baie. Là, ils trouvèrent la baleine espérée sur le rivage.

Quant au père Jean, il se mit à préparer les habitants à la communion, leur expliquant entre autres le sens du Grand Carême. Parmi ceux qui venaient régulièrement, il y avait le shaman auquel le prêtre n'accorda pas une attention particulière. Il se confessa et reçut la communion et retourna chez lui. Le père Jean fut fort surpris à quelque temps de là d'apprendre que le vieil homme était allé se plaindre au chef de la tribu de ce que le prêtre ne lui avait pas demandé en confession pourquoi on l'appelait le « shaman », car II considérait, pour sa part, comme un péché de pratiquer le chamanisme et n'était pas du tout content d'être appelé shaman.

Le père Jean envoya aussitôt un messager quérir Smirennikov pour s'expliquer avec lui. En chemin, le messager rencontra le vieil homme qui s'était déjà mis en route et qui lui dit : « Je sais que le père Jean veut me voir. J'y vais ».

Lorsqu'il arriva, le prêtre lui demanda comment il pouvait prédire certains événements et guérir les malades. Le vieil homme répondit : « Après avoir été baptisé par le père Macaire, j'ai vu un homme d'abord, puis deux, qui étaient invisibles aux autres et avec lesquels j'ai conversé. Ils étaient vêtus comme les archanges de nos icônes ».

Ces anges avaient dit à Smirennikov qu'ils étaient des envoyés de Dieu auprès des hommes pour les enseigner et les protéger. Depuis plus de 30 ans, ces anges lui étaient apparus presque quotidiennement.

Ils lui avaient enseigné la doctrine chrétienne et les mystères de la foi orthodoxe, c'est-à-dire la Bonne Nouvelle de Jésus-Christ. Ils l'avaient aidé et, à travers lui, d'autres hommes et femmes dans la maladie et le malheur. Mais dans tous les cas les anges demandaient à Dieu son aide et rien ne pouvait être fait sans sa permission. Il arrivait de même que Smirennikov annonce ce qui se passait dans un autre lieu, mais il ne prédisait que très rarement l'avenir. Pour cela aussi les anges lui avaient dit que rien ne procédait de leur propre puissance, mais de Dieu seul.

Le père Jean lui demanda si les anges lui enseignaient à prier et de quelle manière. Smirennikov répondit : « Ils m'enseignent à prier Dieu seul, à prier en esprit et d'un cœur pur. Ils prient souvent et longuement avec moi ».

Le prêtre lui dit que ces messagers étaient certainement de bons anges et qu'il pouvait continuer à suivre leur enseignement. Si quelqu'un lui demandait de l'aider, il devait lui conseiller de prier Dieu lui-même. Dieu est notre père et il aide ceux qui mettent leur confiance en lui. Il ne lui interdit pas d'aider les malades, mais il lui ordonna de leur répéter que c'est Dieu seul qui aide et guérit par sa toute-puissance.

Le père Jean aurait bien voulu voir ces anges et leur parler. Smirennikov promit de leur demander, et revint le jour suivant pour dire que les anges acceptaient. Réflexion faite, le prêtre, troublé, pensa que son désir provenait de la curiosité et que s'il voyait les anges il en ressentirait peut-être de l'orgueil. Il résolut de soumettre l'affaire à son évêque. Une année s'écoula avant que la réponse de l'évêque ne lui parvînt, lui conseillant de voir les anges. Mais lorsque Jean retourna dans l'île, Smirennikov était mort.

Dix années de fécond travail s'écoulèrent ainsi pour le père Jean à Unalaska. Pendant cette période, il rédigea son fameux sermon *Sur la vole qui mène au Royaume de Dieu* en dialecte fox-aléoute, traduit depuis en Tlingit, en français et en anglais, et qui a eu 46 éditions en russe. Son *Catéchisme* et son *Histoire de l'Église du Christ* ont aussi été publiés en Tlingit, mais son ouvrage le plus fameux sur le plan international est son livre de 658 pages *Notes sur les îles de la région d'Unalaska*. Ce livre, divisé en trois parties : deux sur les Aléoutes et une sur les Tlingits contiennent des informations scientifiques très étendues dans les domaines de l'ethnologie, la topographie, la climatologie, la minéralogie, la démographie, ainsi que des statistiques importantes et des renseignements sur la flore, la faune et les coutumes nationales. Tous les manuels utilisés à l'école étaient écrits par lui. En dépit de tout cela, c'est avec une grande humilité que le père Jean souligne : « Je dois plus aux Aléoutes qu'ils ne me doivent, eux. pour mon travail et je ne les oublierai jamais ». Il faut ajouter que les Aléoutes avaient un grand amour pour leur prêtre, le suivant partout et l'écoutant sans se lasser.

Le père Jean et sa famille passèrent les premières années de leur séjour dans une hutte souterraine en attendant que soit prête la maison de bols que le père Jean construisait. Tout dans la maison fut façonné par lui, y compris l'horloge.

Le père ne restait jamais inactif. Il passait ses soirées à des travaux de mécanique ou à enseigner aux enfants. Il aimait les emmener faire de longues promenades et leur apprendre à connaître la nature. Au bout de dix années de cette vie, le père Jean fut muté à la Nouvelle Arkhangel (Sitka).

Le père Jean et sa famille arrivèrent à la Nouvelle Akhangel en 1834 pendant la grande épidémie de variole qui emporta plus de dix mille personnes en Alaska méridional. Plus de la moitié de la population Tlingit périt.

L'épidémie ne toucha la région de Sitka qu'en 1836. Le père Jean n'avait pas encore pu établir avec les Tlingits des liens d'amitié qui lui auraient permis de pénétrer dans leurs maisons. Il ne le regretta pas, car, dira-t-il plus tard, « Imaginez ce qu'auraient pensé les Tlingits si l'épidémie s'était répandue *après* ma visite dans leurs foyers ? ». Cependant, c'est cette épidémie qui lui permit de gagner la confiance et l'amitié des habitants. Il commençait déjà à parler leur langue et essayait depuis quelque temps de leur faire accepter la vaccination à laquelle ils étaient très hostiles. Les shamans encourageaient d'ailleurs cette réticence. Au bout de peu de temps, toutefois, les Tlingits remarquèrent que les Russes étaient moins atteints qu'eux de la maladie. Ils commencèrent enfin à comprendre que le prêtre russe essayait sincèrement de les aider et ils vinrent alors demander à être vaccinés.

Le père Jean accompagna le médecin, le docteur Bliashke, dans les villages où ils vaccinèrent tous ceux qui le leur permirent. Le fait que l'épidémie prit fin peu de temps après la campagne de vaccination fit une profonde impression sur les Tlingits qui se montrèrent dès lors plus disposés à écouter le prêtre, d'autant plus que ce dernier leur parlait dans leur propre langue. Le père Jean se mit avec son ardeur habituelle à traduire les livres saints en tlingit, à ouvrir des écoles et à établir des programmes d'instruction pour les adultes.

Pour subvenir aux besoins de la mission, le père Jean créa un atelier de mécanique, où l'on fabriquait des orgues de Barbarie pour l'exportation vers les territoires espagnols de la Californie. Les Tlingits et les Haïdas aimaient la technologie et se montrèrent pleins de zèle pour seconder leur prêtre. Pendant cinq ans, le père Jean travailla sans répit, avec amour et patience, pour faire dans ce nouvel endroit ce qu'il avait déjà accompli à Unalaska. C'est pendant cette période qu'il écrivit ses *Notes sur le Tlingit, le Koniak et autres langues de l'Amérique Russe.*

Au cours de l'année 1836, le père Jean visita Fort Dionysy (aujourd'hui Wrangell) et enseigna l'Évangile dans le village tlingit de Stakhin près du Fort. Il s'y rendit à nouveau l'année suivante et célébra la divine Liturgie au Fort et au village. La paroisse compta bientôt 1500 fidèles.

Il faut noter que, conformément aux prescriptions de l'Église orthodoxe, le père Jean ne baptisait personne avant d'être sûr que le catéchumène connaissait l'Évangile et en acceptait l'enseignement. Il n'exerçait jamais aucune pression, mais se contentait d'enseigner paisiblement la Bonne Nouvelle avec amour et humilité, ne baptisant que ceux qui le lui demandaient. De même, comme d'ailleurs les autres missionnaires orthodoxes, il ne cherchait nullement à bouleverser les coutumes et altérer indûment la culture locale. Au contraire, il étudiait avec ardeur les coutumes et les traditions des habitants, leur apportant dans beaucoup de cas un éclairage chrétien.

Ce grand missionnaire amena ainsi une multitude d'hommes à l'Église, se préoccupant toujours profondément de leurs besoins spirituels. En premier lieu, il fallait assurer la continuité de leur vie eucharistique et de leur participation à tous les sacrements. Pour cela on avait besoin de nombreux livres en langue du pays et de prêtres pour desservir les paroisses disséminées dans un vaste périmètre. Les communications avec le Synode de l'Église russe, à plusieurs milliers de kilomètres, étaient difficiles et très lentes. Le père Jean décida donc d'entreprendre le long et pénible voyage de Saint-Pétersbourg, en passant par le cap Horn et la mer Baltique. Il renvoya sa famille à Irkoutsk, ne gardant auprès de lui que sa fille Thekla. Le navire « Saint Nicolas » leva l'ancre dans la baie de Sitka le 8 novembre 1838. Le voyage devait durer huit mois.

À Saint-Pétersbourg, le père Jean présenta ses pétitions au Saint Synode et, en attendant ses décisions, entreprit de faire connaître au peupla russe l'Alaska et les missions orthodoxes. Il visita divers centres et se rendit ensuite à Moscou pour y rencontrer le métropolite Philarète. La sympathie entre les deux hommes fut immédiate. Le métropolite disait souvent de Veniaminov : « Il y a quelque chose d'apostolique dans cet homme-là ». Finalement, beaucoup de gens s'intéressèrent à cette affaire et une somme considérable fut réunie pour la mission.

Lorsque le père Jean revint à Saint-Pétersbourg à l'automne, il apprit que ses demandes avaient été acceptées : ses traductions seraient publiées, des prêtres seraient envoyés en Alaska, et la mission serait soutenue.

Pendant les fêtes de Noël 1839, le prêtre Jean fut élevé au rang d'archiprêtre. Tout semblait lui sourire lorsqu'un courrier d'Irkoutsk lui apprit que sa femme bien-aimée venait de mourir. Le métropolite Philarète qui avait pour lui beaucoup d'affection et d'estime lui conseilla alors de se faire moine, mais dans sa douleur le père Jean ne savait quelle décision prendre : il avait six enfants selon la chair et des milliers d'enfants spirituels. Il décida de se rendre à Kiev, l'antique cité sainte, et d'y prier pour demander à Dieu de le guider.

Il en revint résolu à accepter la tonsure monastique. On accorda des bourses à ses enfants : ses deux fils furent inscrits à l'Académie Théologique de Saint-Pétersbourg et ses 4 filles dans un excellent pensionnat. Et le 29 novembre 1840, le père Jean devint moine prenant le nom d'innocent, à la suite de saint Innocent d'Irkoutsk, le premier saint patron de l'Alaska.

Entre-temps, le Saint Synode avait élevé la mission d'Alaska au rang d'évêché. L'empereur Nicolas ayant à choisir entre trois candidats, désigna Innocent Veniaminov comme évêque d'Alaska. C'est le 15 décembre 1840, dans la cathédrale de l'icône de Kazan de la Théotokos, que le prêtre missionnaire fut consacré évêque du Kamtchatka et des îles Kouriles et Aléoutiennes, devenant, en nom et en fait l'apôtre des Alaskans.

Le nouvel évêque partit pour la Nouvelle Arkhangel (Sitka), le 10 janvier 1841. Il s'arrêta à Irkoutsk pour prier sur la tombe de sa femme, celle qui avait été sa compagne de tant d'années de peines et de joies partagées. Les citoyens d'Irkoutsk lui firent un accueil enthousiaste. Beaucoup d'entre eux se souvenaient encore du prêtre de paroisse chaleureux, plein d'amour et de compassion. Les cloches des églises sonnèrent et tout le clergé vint lui offrir des vœux de longue vie. Il célébra la divine Liturgie et un service d'actions de grâces dans son ancienne paroisse.

L'évêque Innocent Veniaminov arriva à la Nouvelle Arkhangel le 27 septembre 1841. Il se mit aussitôt au travail avec fougue, pour rattraper ses trois années d'absence. Pour commencer, il prit la décision de faire reconstruire la vieille église de Saint-Michel-l'Archange, construite en 1816 par le père Alexei Sokolov, et qui tombait en ruines. Il posa la première pierre d'un séminaire qui devait continuer d'exister jusqu'en 1859. Il fit construire plusieurs écoles pour les Tlingits, ainsi qu'un orphelinat et façonna de ses propres mains une grande partie des beaux meubles de sa résidence.

Son diocèse était immense, enjambant les mers septentrionales d'un continent à l'autre. Les habitants appartenaient à des tribus nomades ou semi-nomades et les quelques villages et cités se trouvaient disséminés dans de vastes régions sauvages encore peu connues. En dépit de tout, l'apôtre de l'Alaska était bien résolu à s'occuper personnellement de son troupeau. Il entreprit donc de longues et hasardeuses tournées pour rendre visite aux plus lointaines extrémités de son territoire. C'est ainsi qu'il lui fallut trois mois pour atteindre Petropavlovsk dans le Kamtchatka (cité fondée par Vitus Bering qui donna son nom au détroit). Une fois arrivé, il dut attendre plusieurs mois avant que la surface soit suffisamment glacée et dure pour permettre de parcourir la région du Kamchatka. L'évêque, accompagné du prêtre local, le père Pierre Gromov, traversa en cette occasion, en novembre 1842, des régions qui comptent parmi les plus froides, les plus sauvages et les plus dangereuses du globe, parcourant plus de cinq mille kilomètres en traineaux ouverts tirés par des chiens, par des températures atteignant souvent 40° centigrades au-dessous de zéro et même 65° par vents forts. Il existait dans ces régions des huttes de bois construites tous les cinquante kilomètres environ pour servir de refuges aux voyageurs, mais lorsque survenait un violent blizzard, il était la plupart du temps impossible d'atteindre ces abris et on devait se contenter de creuser un trou dans les congères et s'y réfugier en y allumant un feu avant de reprendre la piste. Innocent s'arrêtait dans les campements et les agglomérations et parlait avec une simplicité, une bonté et une ferveur qui touchaient les cœurs. Il arriva en avril 1843 à Okhotsk et pendant quatre mois prêcha la bonne parole aux alentours parmi les Koryak, les Chuk'chi et les Tungus, jusque dans les plus petits campements où les habitants s'arrêtaient temporairement avec leurs tentes en écorce de bouleau.

Partout ce bon pasteur fondait des écoles, si bien que Ies indigènes eurent bientôt un taux d'alphabétisation supérieur à celui des Russes habitant en Sibérie. Le fameux marchand de livres itinérant, I. I. Golubev, affirme qu'il a distribué plus de 18 000 livres dans le diocèse de Mgr Innocent au cours d'une seule tournée, ce qui constitue un beau témoignage sur l'œuvre éducatrice de l'apôtre.

Les chrétiens de ces régions éprouvaient des difficultés à adapter leur mode traditionnel de calculer les jours et les saisons, de façon à pouvoir connaître exactement les jours de fêtes et de jeûnes de l'Église. Mgr Innocent inventa un calendrier ingénieux basé sur l'appareil utilisé par les Chuk'chi et autres tribus sibériennes en y adaptant des chevilles que l'on déplaçait d'un trou à l'autre selon les jours.

Innocent réussit en 1844 à mettre enfin en chantier la construction d'une nouvelle cathédrale qui fut terminée en 1848 et consacrée lors de la fête de l'Entrée de la Mère de Dieu au Temple. Aussitôt après, il fit construire une église tlingit dans le village de cette communauté.

Deux ans plus tard, l'évêque fut élevé au rang d'archevêque et muté à Yakoutsk. L'archidiocèse incluait maintenant l'Alaska et le Kamtchatka. À Yakoutsk, l'infatigable Innocent entreprit de faire commencer la traduction des livres saints et des offices dans la langue yakoute. Le 19 juillet 1859, l'archevêque lui-même célébra joyeusement la divine Liturgie et lut l'Évangile en langue yakoute pour la première fois. Les habitants en furent si heureux qu'ils demandèrent la permission d'ajouter cette date au calendrier des fêtes de l'Église. Des traductions en langue tungus furent également faites à cette époque.

En juin 1857, Innocent se rendit à Saint-Pétersbourg pour participer au Concile général des évêques. C'est alors que deux évêques furent désignés pour l'assister dans sa tâche : l'évêque Paul pour Yakoutsk et l'évêque Pierre pour Sitka. Sur le chemin du retour, l'archevêque passa par la région du fleuve Amour, visitant les paroisses et les communautés pour juger de leur situation et de leurs besoins spirituels. Tout le long du fleuve il s'arrêtait dans chaque village pour y célébrer les offices. Il lui arrivait, en outre, de demander brusquement qu'on arrête le bateau dans une agglomération riveraine et se mettait à prêcher à tous ceux qui se trouvaient là. Rien ne restait caché au pasteur : il voyait et comprenait toutes les misères et tous les besoins du peuple aussi bien sur le plan matériel que sur le plan spirituel.

Finalement, il ressentit une telle compassion pour tous ces gens qu'il décida de vivre parmi eux. En 1862, il s'installa à Blagoveshchensk. La fatigue et l'âge commençaient à faire sentir leurs effets et la vue d'innocent baissait beaucoup. Il crut devoir demander au Saint Synode la permission de prendre sa retraite. Il pensait que les fidèles avaient besoin d'un évêque plus jeune et plus énergique. Mais Dieu en décida autrement une fois encore. Le 19 novembre 1867, le métropolite Philarète rendit son âme bénie à Dieu. Le Synode et les autres évêques furent unanimes à penser que l'archevêque Innocent devait lui succéder.

Lorsqu'il reçut le message lui demandant de se rendre immédiatement à Moscou, Innocent en fut fort troublé. Mais il avait toujours été obéissant à la volonté de Dieu et après une nuit en prières il commença ses préparatifs de départ. Son voyage à travers la Sibérie fut triomphal, car il était profondément aimé et vénéré. Partout des foules l'accueillaient avec des larmes et des prières, regardant partir leur bon pasteur en sachant qu'elles ne reverraient pas en ce monde son visage béni.

Le 25 mai 1858, à 21 h. 30, les cloches de Moscou commencèrent à sonner pour annoncer que le nouveau Premier hiérarque entrait dans la ville. Le lendemain il fit officiellement son entrée dans sa cathédrale, l'ancienne cathédrale de la Dormition. Prenant la parole avec beaucoup d'humilité pendant la cérémonie d'intronisation, il déclara : qui suis-je pour oser reprendre la parole et assumer l'autorité de mes prédécesseurs ? Un étudiant d'une autre époque, venant d'un pays lointain, qui a passé plus de la moitié de sa vie aux frontières ; qui n'est qu'un modeste ouvrier dans la vigne du Seigneur, un maître pour les petits enfants et ceux qui sont fermes dans la foi.

Et le prélat, maintenant âgé de près de soixante-douze ans, oubliant qu'il était malade, exténué et presque aveugle, se mit à la tâche avec la foi, l'espérance, l'amour et l'enthousiasme dont il avait toujours fait preuve. Il réorganisa l'administration de l'Église russe. Les écoles furent améliorées, de nouveaux organismes d'assistance aux orphelins, aux veuves et aux indigents furent créés. Les hôpitaux et les asiles reçurent un meilleur équipement et leur administration fut rendue plus humaine. En 1869 il redonna une vie nouvelle à la Société orthodoxe Missionnaire qui était désorganisée, et la mit en mesure de venir en aide aux paroisses missionnaires.

Le métropolite Innocent était âgé de 81 ans en 1879 : il avait consacré 58 années de sa vie au service de l'Église du Christ et était maintenant aveugle et faible. Vers la fin du Grand Carême, il sentit que la mort approchait. Il était prêt. Dans la soirée du 30 mars, il demanda au père Arsène qui s'occupait de lui de lui lire les prières pour le départ de l'âme, et à l'aube du Samedi Saint l'âme du vénérable missionnaire quitta son corps pour le grand passage, l'éternelle Pâque. Ses dernières paroles résument toute sa vie : que l'on ne prononce pas d'éloges à mes funérailles, mais que l'on glorifie plutôt la parole du Seigneur. Que l'on fasse un sermon qui édifie sur le thème suivant :

« Le Seigneur guide les pas de l'homme » (Ps. 36, 23).

Il repose dans le cimetière de la Laure de la Sainte Trinité-Saint- Serge, à côté du tombeau du métropolite Philarète.

10.

Les États du Midwest américain et saint Alexis Toth[4] glorifié en 1994 ; fêté le 7 mai

Auteur collectif

10.1 Minneapolis, Minnesota

À la fin des années 1880, un groupe assez nombreux d'immigrants russins[5] s'étaient déjà installés à Minneapolis, Minnesota. Le premier parmi eux, Georges Homzik, est venu en 1878 lorsque la ville était encore très jeune, mais d'autres l'ont suivi : Théodore Sivanitch, Pierre Koutchetchka (Cook), Georges Ihnat et Paul Podany. Ces derniers, qui travaillaient comme bûcherons ou comme ouvriers dans les usines et scieries, ont acheté un terrain aux confins de la ville, 7ᵉ Rue nord-est, près du Mississippi, où ils ont construit des maisons et planté des jardins. Ils vivaient très près les uns des autres, formant ainsi leur propre petite communauté russine. Pour leurs besoins spirituels, ils ont fait appel à des prêtres catholiques romains d'origine allemande et polonaise. Le père Jacob Potcholsky, un prêtre polonais, a fait tout pour les intégrer dans sa paroisse.

Même si ces premiers immigrants désiraient avant tout améliorer leur sort matériel, ils n'ont jamais laissé faiblir leurs profondes convictions religieuses qui les réconfortaient dans les périodes les plus difficiles de leur vie. Ils étaient prêts à tout sacrifice surtout s'ils pouvaient prier selon les formes liturgiques conformes à leur foi.

Leur premier souci, après leur arrivée à Minneapolis, était de se procurer un local où ils pouvaient prier. Alors, ils ont décidé, presque immédiatement, d'acheter un terrain pour y construire une église. En 1887, Théodore Sivanitch, Vasily Sodd et Pierre Cook ont acheté un lot, coin de 5ᵉ Rue et 17ᵉ Avenue nord-est, là précisément où se trouve l'église actuelle.

Bien avant le début des offices dans cette église, les immigrants russins, de plusieurs origines, se réunissaient régulièrement chez des particuliers pour la prière. De temps en temps, un prêtre venait de l'Est américain pour célébrer la liturgie.

En 1887, le prêtre uniate, le père Jean Volonsky de Shénandoah, Pennsylvanie, en tournée dans plusieurs états, a visité Minneapolis où il a trouvé environ 80 personnes d'origine russine. Puisqu'il ne pouvait obtenir la permission de célébrer la liturgie dans une église catholique, le père Jean a dû présider la première eucharistie uniate chez Paul Podany et Georges Homzik. Ces immigrants russins se sentaient insultés par le refus de permettre aux uniates de célébrer leur liturgie dans une église catholique. La réception plutôt tiède que leur a faite Mgr Ireland n'a pas amadoué leur irritation. Malgré cela, quelque chose de bien en est sorti : les immigrants se solidarisaient encore plus en étant forcés de construire leur propre église à part.

Les membres de la communauté ont commencé la construction de l'église en 1887 et l'ont terminée en mars 1888. Les premiers pionniers, MM. Homzik, Sivanitch et Cook, se sont engagés à fond pour réaliser le projet, sous la supervision de Pierre Dzubay, fils, et Stéphane Rechetar, menuisiers. Tous ont contribué à l'effort, soit par le travail physique, soit en espèces. L'église en bois ne pouvait quand même recevoir qu'une petite communauté.

La situation financière de cette dernière était pitoyable. L'argent pour la construction manquait sérieusement. Alors, certains ont accepté de solliciter des fonds partout et Pierre Podany est allé en Pennsylvanie avec cette intention.

Les membres de la communauté russine de Minneapolis avaient une autre idée, à part le projet de construire une église. Le 3 juin 1888, 19 hommes ont formé une fraternité : la Société russe orthodoxe de saints Pierre et Paul, autrement appelée la Fraternité unie. [Ici suit la liste des noms.]

Au printemps de 1889, le père Jean Volansky a revisité Minneapolis et a consacré l'édifice sous le nom de « la Paroisse russe orthodoxe gréco-catholique de Sainte-Marie ». La communauté porte toujours ce nom. Pendant l'été, le père Alexandre Dzubay présidait aux offices dans la nouvelle église et a conseillé aux paroissiens de chercher un prêtre résident, pas une mince affaire pour une petite et jeune paroisse. Néanmoins, ils ont suivi le conseil du père Alexandre et perçu 7 $ de chaque famille et 5 $ de chaque célibataire. L'argent servirait à payer le billet et les frais de voyage du prêtre. Le père Jean Zapotocky, du diocèse de Presov, s'est fait nommer pasteur. Quand il est arrivé en Amérique, il a fait escale à Kingston, en Pennsylvanie, où il a accepté le pastorat de la paroisse de cette ville. La décision du père Jean a évidemment déçu les paroissiens de Minneapolis et ils se sentaient profondément trahis.

Peu de temps après, le diocèse de Presov a nommé un nouveau prêtre pour Minneapolis, le père Alexis Toth. Le jour de l'Action de Grâces américaine 1889, le père Alexandre a célébré les premiers offices dans la nouvelle église. L'esprit qui régnait dans la communauté ce jour-là s'accordait parfaitement avec l'esprit de la fête. De tous les points de vue, c'était tout à fait une journée d'action de grâces pour ce petit groupe. Le père Alexis Toth était le premier pasteur résident à officiellement célébrer les offices. Il est arrivé à Minneapolis de l'Empire austro-hongrois en 1889 pour assumer le pastorat de la paroisse jusqu'en 1893 lorsqu'il a accepté de prendre la paroisse à Wilkes-Barre, Pennsylvanie.

Quand il est arrivé à Minneapolis, le père Alexis a trouvé... une église vide : pas d'ornements sacerdotaux, pas de vases sacrés, rien de ce qui est nécessaire au culte. J'ai immédiatement commencé à solliciter des fonds et des contributions, quêtant auprès des étrangers, des non orthodoxes et de mes propres paroissiens. Je voulais procurer au moins les choses les plus nécessaires pour célébrer la liturgie et les offices. À cette date, 89 personnes faisaient partie de la paroisse : 14 familles et un certain nombre de célibataires. [...] Pendant une année, j'ai ramassé assez d'argent pour acheter cinq ensembles complets d'ornements sacerdotaux pour les fêtes nombreuses, un évangéliaire, des vases sacrés et d'autres objets utilisés pour préparer et administrer les Saints Dons aux paroissiens. [...] Tout ceci a coûté 840 $.

Lors de son arrivée à Minneapolis, le père Alexis a visité l'archevêque de Saint-Paul pour lui présenter ses lettres de créance, selon la coutume. À cause de certains malentendus (voir la biographie du père Alexis ci-après), l'audience avec l'archevêque s'est terminée très mal. Rentré chez lui, le père Alexis a raconté tout à ces paroissiens fidèles. Son cœur attristé, il a ardemment prié Dieu de l'illuminer, lui demandant la sagesse, la compréhension et la force pour pouvoir expliquer à son peuple la situation très grave. Il a supplié ses fidèles de patienter.

Ses paroissiens lui étaient d'un grand secours. Les réunissant, il leur a expliqué le sérieux de ce qui est arrivé. Il leur a annoncé que la meilleure chose à faire — et la seule — était de quitter la paroisse. La majorité des membres ont répondu ainsi :

— Non ! Nous irons auprès de l'évêque russe orthodoxe ! Pourquoi devons-nous éternellement nous prosterner devant des évêques étrangers ?

— Très bien, mais où se trouve cet évêque russe ? Où habite-t-il ? Comment s'appelle-t-il ?

Certains disaient qu'il vivait à Sitka en Alaska ; d'autres, à San Francisco. [...] Moi, je n'en savais absolument rien. Je savais une chose par contre : un consul russe se trouvait à San Francisco. Alors, sous le nom d'André Pototchnak, j'ai envoyé la lettre suivante au consulat russe demandant ceci : « Est-il vrai qu'un évêque orthodoxe russe vit à San Francisco ? Si oui, comment s'appelle-t-il et où habite-t-il ? » Après dix jours, le 18 décembre 1890, une lettre est arrivée au nom de Michel Pototchnak, lui disant que l'évêque résident s'appelait Son Excellence, monseigneur Vladimir et qu'il avait sa résidence à 1715, rue Powell Nord, San Francisco.

Le père Alexis et ses paroissiens ont décidé d'envoyer un délégué auprès de Mgr Vladimir pour lui expliquer leur situation et lui demander une contribution pour l'installation d'une iconostase, car, à cette date, l'église de Minneapolis n'en avait pas. Le vrai motif de la visite, par contre, était de déterminer si cet évêque était vraiment orthodoxe, consacré selon les rites de l'Église et non pas un Vieux-Croyant ou un hérétique sectaire d'origine russe. Parmi les autres soucis, cette dernière possibilité était la vraie raison pour laquelle la lettre portait le nom d'un laïc et non celui d'un prêtre. Jean Mlinar a reçu la mission d'aller à San Francisco et de visiter l'évêque. Puisqu'il ne parlait que l'urgo-russe, il a rencontré des problèmes à expliquer à l'évêque et à son secrétaire qui il était en réalité, uniate ou orthodoxe. Néanmoins, M. Mlinar a salué l'évêque, lui a expliqué ses difficultés et a décrit la situation des paroissiens de Minneapolis et du père Alexis.

Mgr Vladimir a écrit une lettre à ce dernier lui demandant s'il était uniate ou orthodoxe. Au cas où il était uniate, voulait-il se joindre à l'Église orthodoxe pour faire partie du diocèse de l'Alaska ? L'higoumène Georges Tchoudnovsky, attaché à la cathédrale à San Francisco, a aussi écrit au père Alexis recommandant qu'il vienne personnellement à San Francisco pour parler directement avec Mgr Vladimir. Il pensait que c'était la meilleure façon de procéder.

Lors du retour de M. Jean Mlinar à Minneapolis, le père Alexis, suivant le conseil de l'higoumène Georges, est parti au début de février pour San Francisco. Paul Podany, le marguillier de la paroisse, l'accompagnait, tous les deux ayant la confiance et la loyauté des fidèles.

Le voyage a porté fruit parce que Mgr Vladimir a promis de visiter Minneapolis, ce qu'il a fait le 25 mars 1891, le Dimanche du Triomphe de l'orthodoxie. Pendant la cérémonie, il a réintégré 361 personnes au sein de l'Église de leurs ancêtres, la sainte Église orthodoxe grecque catholique. Les cœurs remplis de gratitude, le prêtre et ses paroissiens ont joyeusement exclamé : « Gloire à Dieu pour sa grande miséricorde ! »

Quand la nouvelle de la réception du père Alexis et de ses fidèles s'est répandue, beaucoup ont applaudi son courage. D'autres sont venus à Minneapolis pour le féliciter. Maintes personnes ont remarqué qu'elles l'auraient suivi, mais les circonstances de la vie et les relations familiales les empêchaient de le faire à ce moment-là. Néanmoins, en 1898, trois autres prêtres uniates s'étaient rejoints à l'orthodoxie : les pères Victor Toth, Michel Balogh et Grégoire Hruska. Grâce à leur bon exemple et courage, le père Alexis et ses successeurs et paroissiens ont amené d'autres communautés uniates à l'orthodoxie : Streator en Illinois ; North-Pittsburgh (Allegheny), Wilkes—Barre, Osceola-Mills, Scranton, Old-Forge, Lopez, Catasqua, Philadelphie, Berwick et Edwardsville en Pennsylvanie ; Bridgeport au Connecticut ; Passaic au New Jersey ; Yonkers au New York ; et beaucoup d'autres paroisses. En 1909, plus de 29 000 uniates s'étaient déjà ralliés à l'Église orthodoxe, la moitié d'entre eux, grâce au zèle du père Alexis.

Pourtant, ces joyeuses réintégrations ont également apporté leur lot de tristesse, d'inimitié, d'antagonisme et même de haine de la part de ceux qui n'approuvaient pas le choix du père Alexis. À la grande tristesse de ce dernier, le Saint-Synode a rappelé Mgr Vladimir en Russie, ce qui n'a pas rendu la situation plus facile. Le père Alexis a perdu l'appui moral et financier dont il avait grandement besoin à ce moment-là.

L'archevêque du diocèse de Presov m'a ordonné de rentrer immédiatement au pays. Je n'ai pas obéi parce que j'étais orthodoxe [...] Je n'avais pas de salaire [...] J'étais en grand besoin. [...] De Presov, j'ai reçu des demandes de quitter Minneapolis et d'accepter le pastorat d'une autre paroisse [uniate] en Amérique. Alors, redevenant uniate, on oublierait tout et mon passé n'aurait aucune conséquence sur ma carrière sacerdotale. C'étaient des jours très difficiles à vivre, mais malgré les difficultés et les privations, je n'ai pas abandonné mon chemin, temporairement épineux, et le Seigneur m'a secouru pour surmonter le rejet et le mépris [...]. Avec l'aide de Dieu, je suis arrivé à vaincre tous ces problèmes, souvent accompagnés d'insultes et d'offenses injustifiées. Gloire à Dieu pour sa grande miséricorde.

En octobre 1892, grâce à la médiation de Mgr Nicolas, le Saint Synode de l'Église orthodoxe russe a accepté le père Alexis et ses paroissiens fidèles au sein du diocèse de l'Alaska des îles Aléoutiennes. À partir de ce moment, la paroisse orthodoxe de Minneapolis a commencé à vivre une vie paroissiale normale. Le nombre de membres augmentant, elle développait et prospérait autant au plan matériel que spirituel. Aujourd'hui, elle est une des paroisses les plus grandes de l'Église orthodoxe en Amérique.

En 1893, le père Alexis a quitté Minneapolis pour Wilkes-Barre, en Pennsylvanie, où il a continué son ministère.

10.2 Le père Alexis Ghéorghiévitch Toth en Europe

Alexis Ghéorghiévitch Toth, fils du père Georges et Cécilia Toth, est né près d'Éperjès (maintenant Presov), comté de Szepès, Slovaquie, le 14 mars 1853, pendant le règne de Franz Josef I, empereur d'Autriche et roi de Hongrie. Il a reçu sa première formation dans les écoles préparatoires locales ; ensuite, il est entré dans le séminaire catholique romain d'Esztergom pour une année et ensuite trois années dans le séminaire uni grec d'Ungvar. Il a reçu un diplôme en théologie de l'Université de Presov.

Suivant l'exemple de son père, qui était le doyen du comté de Szepès de l'Église unie grecque, Alexis s'est fait ordonner aux mains de Mgr Nicolas Toth, l'évêque de Presov pour l'Église unie grecque, lui-même sous la juridiction du métropolite catholique romain d'Esztergom. Après son ordination, le père Alexis a servi pendant quelques mois comme vicaire dans le comté de Saros. De là, il a desservi la paroisse catholique unie grecque, comme pasteur, à Homrogd, comté d'Abauj. Il a ensuite assumé les responsabilités de chancelier pour Mgr Nicolas Toth, gérant les bureaux du diocèse à Presov comme administrateur de l'évêque.

En 1881, l'évêque l'a nommé directeur du séminaire catholique uni grec de Presov et professeur de droit canon et d'histoire ecclésiastique. Le père Alexis a gardé ce poste sous le successeur de Mgr Nicolas, Mgr Jean Valyi, jusqu'à ce que le père Alexandre Dzubay en Amérique ait demandé d'y envoyer le père Alexis. Les deux prêtres avaient étudié ensemble au séminaire d'Ungvar. Le père Alexandre était en première année lorsque le père Alexis était en quatrième. Mgr Jean a envoyé le père Alexis en Amérique pour être missionnaire. Il est arrivé aux États-Unis le 15 novembre 1889.

10.3 Pasteur à Minneapolis

Le jour de l'Action de Grâces américaine, 1889, le père Alexis a célébré les premiers offices dans la nouvelle église de Sainte-Marie. Il était le premier pasteur résident à officiellement servir cette paroisse.

L'arrivée en Amérique du père Alexis a eu lieu à l'époque de la controverse « américaniste » dans l'Église catholique romaine. Au tournant du siècle, la hiérarchie catholique américaine se divisait en deux groupes : les conservateurs et les « américanistes ». L'archevêque Jean Ireland de Saint-Paul, Minnesota (« américaniste ») et l'archevêque Michel Corrigan de New York (conservateur) étaient les chefs de file de cette controverse. Mgr Ireland prêchait énergiquement l'américanisation des immigrants catholiques. Il voulait que l'Église entre dans les mouvements sociaux et politiques de l'époque, prônant une assimilation totale des nouveaux arrivants à la culture américaine. Il ne comprenait nullement les problèmes profonds que devaient affronter les immigrants de l'Europe de l'Est. Ces derniers ne désiraient pas s'assimiler, mais plutôt établir des communautés reflétant et perpétuant leur caractère européen. Ils voulaient des communautés avec lesquelles ils pouvaient s'identifier. Pour Mgr Ireland, le père Alexis et ses paroissiens représentaient une secte étrangère qui, à la différence des Allemands et des Irlandais qu'il connaissait, n'avaient ni le désir ni la capacité de faire partie de son projet d'américanisation.

Lorsque le père Alexis est arrivé à Minneapolis, il est allé présenter ses lettres de créance à Mgr Ireland à Saint-Paul. Il décrit la rencontre ainsi :

J'étais uniate quand je suis arrivé en Amérique. [...] Je savais qu'en tant que prêtre uniate, je devais obéir à l'évêque catholique romain du diocèse où je travaillerais parce qu'il n'y avait pas d'évêque uniate dans le pays. L'Union le demandait ainsi que les multiples bulles, déclarations et décrets du pape. J'étais à Minneapolis pendant un certain temps quand un prêtre polonais s'est approché de moi et m'a dit : « Vous devriez venir avec moi ; je vous présenterai à l'évêque de Minneapolis Saint Paul, Mgr Ireland. »

Puisque ce prêtre polonais a dû répondre à l'appel urgent d'un malade, je suis allé, moi-même seul, rendre visite à l'évêque. J'étais habillé en prêtre et je me suis présenté à lui montrant mes lettres de créance. [...]

Parmi ces documents se trouvait très clairement la directive suivante : « *Dilectio tua debet, in cuius territorio hatetur locus destinationis suae.* » Mon affectation se trouvait à Minneapolis, Minnesota, dans la province de l'archevêque Ireland. En tant qu'uniate obéissant, je me suis soumis aux ordres de mon évêque qui à l'époque était Mgr Jean Valyi. Donc, je me suis présenté devant Mgr Ireland le 19 décembre 1889 ; je lui ai embrassé la main, selon la coutume, et lui ai présenté mes lettres de créance. Je ne me suis pas par contre agenouillé devant lui et j'ai appris plus tard que ceci s'est avéré mon erreur principale. Je me rappelle que lorsqu'il a lu l'expression « gréco-catholique », ses mains ont commencé à trembler. Il a pris quinze minutes pour terminer la lecture de la lettre après quoi il m'a demandé brusquement en latin, la langue de la conversation :

— Vous avez une femme ?

— Non.

— Mais vous en aviez une ?

— Oui, je suis veuf.
En entendant ces mots, il a lancé le document sur la table et a crié :

— J'ai déjà écrit à Rome pour protester le fait que des prêtres de cette sorte me soient envoyés.

— De quelle sorte de prêtres parlez-vous ?

— Votre sorte.

— Je suis un prêtre catholique du rite grec. Je suis uniate et j'ai reçu mon ordination aux mains d'un évêque en règle.

— Je n'accepte ni vous ni votre évêque comme catholiques. D'ailleurs, je n'ai pas besoin de prêtres gréco-catholiques ici. Un prêtre polonais à Minneapolis est tout à fait suffisant. Il peut également être le prêtre pour les Grecs.

— Mais il est de rite latin. De toute façon, nos fidèles ne le comprennent pas et ne l'accepteront pas comme pasteur. C'est précisément pour cette raison qu'ils ont fondé leur propre paroisse.

— Ils n'avaient pas ma permission et je ne vous accorderai aucune juridiction pour travailler parmi eux.

Profondément blessé par le fanatisme de ce représentant de la Rome papale, j'ai répliqué aigrement :

— Dans ce cas, je connais les droits de mon Église ainsi que la base sur laquelle l'Union a été établie et j'agirai en conséquence.

L'archevêque s'est enflammé, moi aussi. Mot acéré suivait mot acéré, à tel point qu'il ne vaut pas la peine de mettre tout cela sur papier.

Cette situation chaotique résultait du manque de compréhension de part et d'autre. Il n'existait pas de modèles ni de directives visant l'unification et la centralisation de l'Église catholique uniate dans la nouvelle diaspora. L'Église catholique romaine donnait toute son attention et son énergie à résoudre les problèmes d'américanisation. Elle a définitivement éliminé les difficultés des immigrants de sa conscience. Le père Alexis savait très bien qu'il pouvait fonctionner sous la juridiction de son évêque en Europe, mais comme spécialiste en droit canon, il savait aussi que son indépendance complète de la hiérarchie américaine était tout à fait irrégulière... deux jours après mon entretien avec Mgr Ireland, le prêtre polonais, le père Jacob Potcholsky, est venu me visiter. Estomaqué, il m'a dit :

— Pour l'amour du ciel, mon père, qu'est-ce que vous avez fait ? L'archevêque m'a écrit m'interdisant tout contact avec vous. Il ne vous accepte pas comme un prêtre ordonné en règle et m'a formellement ordonné de l'annoncer devant l'autel. Il est interdit à tous vos fidèles d'avoir recours à vous et de recevoir les sacrements de vos mains...

— Ceci vous regarde. Faites ce qui vous semble bon. Je ne bougerai pas d'un seul pas et ce que vous et votre évêque pouvez faire ne m'influencera nullement.

L'archevêque a rendu ses demandes publiques et a expédié ses plaintes à Rome. Mes fidèles ont commencé à entendre des rumeurs effrayantes selon lesquelles l'archevêque avait l'intention de renvoyer leur prêtre couvert de honte... Sur les entrefaites, j'ai reçu des lettres de plusieurs prêtres uniates disant que beaucoup d'entre nous avaient reçu, aux mains des évêques et des prêtres latins, le même traitement que moi. J'ai écrit à l'évêque uniate d'Éperjès lui racontant tout et lui demandant des directives. Aucune réponse. Évidemment ! Quel évêque uniate oserait contredire un archevêque latin ? J'ai écrit une deuxième et une troisième fois : toujours pas de réponse. Finalement, j'ai reçu la directive suivante du chanoine Dzubay : « Pour l'amour du ciel, soyez patient et si l'archevêque doute de votre fidélité au catholicisme, informez-le que vous êtes prêt à jurer que telle est la vérité. »

— Un peu plus tard, j'ai reçu une autre lettre du chanoine Dzubay me proposant d'écrire un récit détaillé de ma réception auprès de l'archevêque. Il m'a dit d'écrire très délicatement ; après tout, la lettre serait expédiée à Rome. Je l'ai écrit, le récit, mais plus tard, le même chanoine m'a informé que j'avais trop brutalement exprimé la vérité. Il ne pouvait donc pas envoyer ma lettre à Rome. Néanmoins, on a pris certaines mesures et Rome a été informée que les évêques latins avaient l'obligation de respecter la Sainte Union.

En général, on connaît très bien les résultats de cette longue lutte, de cette tragique controverse. Le père Alexis a proclamé :

— Je me suis décidé à faire quelque chose auquel je songeais dans mon cœur depuis longtemps, pour lequel mon cœur languissait : devenir orthodoxe. Mais comment le faire ? Je devais être très prudent. L'Union tragique, la source de notre déclin et de tous nos malheurs, fait partie de la mentalité de nos fidèles depuis si longtemps. Nous portons depuis déjà 250 ans le joug sur les épaules. J'ai ardemment prié Dieu de me fortifier pour que je puisse expliquer tout cela à mes paroissiens enténébrés.

Alors, le 25 mars 1891, le Dimanche de l'orthodoxie, Mgr Vladimir (Sokolovsky) de San Francisco a officiellement reçu le père Alexis et sa communauté de presque 365 immigrants russins au sein du diocèse de l'Alaska et des îles Aléoutiennes de l'Église orthodoxe russe. Le 14 juillet 1892, l'Église russe a officiellement reconnu et sanctionné l'adhésion :

Le Saint Synode régnant de Toute la Russie — ayant appris la conversion et l'unification à la Sainte Église orthodoxe du pasteur et de ses fidèles qui ont immigré en Amérique des montagnes Carpates, c'est-à-dire 361 uniates russes et leur pasteur le père Alexis G. Toth, et élevant joyeusement leurs prières en action de grâces au Seigneur notre Dieu lors de cette occasion bienheureuse — accorde des bénédictions pastorales orthodoxes au père Toth et à ses paroissiens, désormais des fidèles orthodoxes.

+Isidore

Premier Membre du Saint Synode

Métropolite de Novgorod et de Saint-Pétersbourg

Le père Alexis Toth a donc la distinction d'être le premier prêtre uniate en Amérique à amener ses fidèles à s'unir à l'Église orthodoxe. Il ne faut pas penser, par contre, que le père Alexis se reposait de ses labeurs après sa régularisation canonique. Il continuait à développer sa paroisse à Minneapolis. Lorsque l'Église catholique uniate l'a envoyé en Amérique, c'était pour être missionnaire auprès des immigrants. Ironiquement, c'est au sein de l'Église orthodoxe, qui l'a accueilli, que le père Alexis a accompli cette charge. Ainsi, en décembre 1892, à Wilkes-Barre, en Pennsylvanie, a-t-il prêché aux immigrants pour les illuminer concernant leur avenir social et religieux en Amérique. Et en 1902, il a reçu au sein de l'orthodoxie la paroisse de Saint Jean-le-Précurseur, Mayfield, Pennsylvanie. Grâce à ces labeurs, beaucoup de paroisses uniates se sont unies à l'orthodoxie. Le père Alexis Toth est mort le 7 mai 1909, après être élevé au grade de protopresbytre, et repose au monastère de Saint-Tikhon en Pennsylvanie où les fidèles ont construit une chapelle à sa mémoire.

Tropaire, ton 4

Ô juste père Alexis,

Tu es notre intercesseur céleste et docteur de la foi.

Divin ornement de l'Église du Christ,

Prie le Maître de tous

D'affermir la foi orthodoxe en Amérique

Et d'accorder la paix au monde

Et à nous une grande miséricorde.

Kontakion, ton 3

Ô notre saint père Alexis,

Tu te tiens maintenant devant le trône de la Trinité vivifiante

Que sans cesse les puissances célestes glorifient

Et que tu as proclamée en Amérique.

Implore-la avec ferveur de délivrer du tourment éternel

Ceux qui honorent avec amour ta mémoire sacrée

Et de pardonner leurs péchés.

11.

Saint Nicolas Kasatkin

Évangélisateur du Japon[6]

Auteur inconnu

Le regard féroce, le samouraï s'approcha du père Nicolas. Quelles raisons amenaient cet homme dans la terre bien-aimée du samouraï pour y prêcher une foi étrange ? Il lui dirait sa façon de penser à ce jeune prêtre chrétien ! À défaut de paroles convaincantes, peut-être emploierait-il d'autres moyens !

Le père Nicolas n'y pouvait grand-chose. Aumônier au Consulat russe du Japon, en 1861, il savait que bien des Japonais étaient opposés à la religion chrétienne orthodoxe. Et voici que se tenait devant lui un fier samouraï, un païen et un prêtre du plus ancien temple shinto de la ville, le fixant froidement et exprimant tout son mépris de la foi chrétienne. Le père Nicolas ne pouvait ignorer le prêtre ni l'éviter. La situation commandait une certaine initiative. Préparé par des années de travail, d'étude et d'épreuves, Nicolas vint à bout de ce difficile défi. Par sa sollicitude, il amena à la discussion l'homme en colère. Le samouraï ne se tenait plus de haine et devint sérieux et pensif. Takuma Sawabe fut fasciné par ces nouvelles idées.

Il devint plus tard le premier Japonais à se convertir à l'orthodoxie sous l'influence du père Nicolas.

Cette conversion, si ardue et gratifiante qu'elle fût, ne fut pourtant pas le seul haut fait de Nicolas. Toute sa vie fut remplie d'œuvres charitables et spirituelles. Canonisé, il reçut les titres de « l'Égal aux Apôtres » et de « l'Évangélisateur du Japon. »

Nicolas Kasatkin naquit le premier août 1836 et fut baptisé du nom de Jean. Son père, Dimitri Ivanovic Kasatkin, fut diacre à l'église du village de Berezsky, district de Belsky, province de Smolensk. Malheureusement, il perdit sa mère dès l'âge de cinq ans et dut grandir sans elle. Cette dure existence d'orphelin pauvre, loin de le décourager, développa sa volonté et détermination. Il fut éduqué au séminaire de Belsky, puis au séminaire théologique de

Smolensk. Grâce à son esprit alerte, Jean obtint d'excellentes notes et décrocha tous les honneurs. Il gagna une bourse du gouvernement et en 1857 entra à l'académie théologique de Saint-Pétersbourg.

C'est peut-être là que Jean fit la connaissance de l'Orient. Un de ses professeurs avait pour ami le père Isaac, prêtre-moine attaché à la mission de Pékin, en Chine. Peut-être Jean rêva-t-il aux pays hors des frontières de la Russie. Peut-être aussi éprouva-t-il le besoin de rejoindre ces gens, de leur parler de la vraie foi et de les convaincre de vivre leur vie comme membres du Royaume de Dieu.

Son destin l'attendait. En 1859 le consul de Russie au Japon, Joseph Antonovitch Goshkevich, demanda au saint-synode d'envoyer un prêtre pour l'église consulaire. Cette demande fut affichée à l'académie. Partir pour Hakodate, au Japon ! Et pourtant des volontaires se présentèrent et parmi eux figurait Jean Kasatkin. Sa conscience lui dictait d'y aller ; de plus, il voulait demeurer célibataire, comme moine, afin de se donner entièrement à sa tâche. Selon ses propres mots, il souhaitait « prêcher l'Évangile à ceux qui ne l'avaient pas entendu. » Que pouvait-on attendre de mieux de la part d'un missionnaire brûlant d'un tel désir ? Le saint-synode le choisit. Le 24 juin, Jean Kasatkin prononça des vœux monastiques à l'église académique des Douze Apôtres et reçut le nom de Nicolas. Cinq jours plus tard, il fut fait archidiacre, puis le jour suivant fut ordonné prêtre-moine. Le travail de toute une vie attendait Nicolas. À vingt-quatre ans, il quitta Saint-Pétersbourg et traversa la Sibérie en diligence, en juillet 1860. La pauvreté des routes et les dures montagnes ne lui rendirent pas le voyage facile, ma jamais il ne perdit son enthousiasme. Dès la fin août, il fut à Irkutsk vers la fin septembre, il était arrivé à Nikolaevsk. Malheureusement, la saison avancée rendait périlleuse la traversée de l'Amour, à cause des glaces. Le père Nicolas dut attendre le printemps avant de se rendre au Japon.

Ce long hivernement ne fut toutefois pas perdu. C'est durant ce temps qu'il rencontra et connut bien Mgr Innocent Veniaminov, le grand missionnaire de l'Alaska, devenu plus tard « saint Innocent d'Alaska. » Quelle merveille que Dieu puisse réunir deux hommes si semblables par leurs rêves et leurs ambitions ! Mgr Innocent avait acquis beaucoup d'expérience missionnaire durant les mois qu'ils passèrent ensemble, il conseilla et enseigna à un père Nicolas tout plein de bonne volonté. Le printemps approchait et comme Nicolas se préparait à partir, Innocent lui demanda s'il avait une bonne soutane. Le jeune prêtre lui montra alors la robe qu'il avait portée durant son séminaire, mais l'évêque en fut déçu. « Cela ne fera jamais l'affaire, dit-il, tu dois inspirer le respect aux gens dès l'abord. Va et achète-toi du velours. » Nicolas revint avec le tissu. Innocent lui-même tailla une nouvelle soutane et la cousit pour lui. Puis il lui donna sa propre croix de bronze et le bénit pour tout le travail qui l'attendait.

Ce fut en avril de 1861 que Nicolas fut enfin prêt à partir pour le Japon. Il parvint à Hakodate le 2 juillet 1861. Joseph Goshkevich, le consul, le reçut chaleureusement. Goshkevich, lui-même diplômé de l'académie théologique de Saint-Pétersbourg, était arrivé à Hakodate en 1B58. Il avait voulu un prêtre qui pût être un exemple vivant de la spiritualité russe auprès des Japonais ; c'est ce qu'il découvrit dans la personne du père Nicolas. Le prêtre de vingt-cinq ans fut attaché au consulat dans une fonction qu'il conserva durant huit ans.

Cette période ne fut pas facile pour le père Nicolas. Il lui tardait d'entreprendre son travail missionnaire, mais il ne le pouvait pas. Il était arrivé au Japon durant les derniers jours de la période Tokugawa, juste avant le début du Japon moderne ; c'était une époque où les étrangers étaient traités avec haine et méfiance. Toute tentative de diffusion de l'orthodoxie était impensable. D'autres Églises chrétiennes avaient déjà entrepris un travail missionnaire : les catholiques dans le sud et les protestants dans le centre du Japon, mais tous les chrétiens étaient forcés de pratiquer leur culte en secret. Le père Nicolas était prêt à commencer son travail à Hakodate, sur l'île nord du Japon, mais comme les catholiques et les protestants, il devait attendre. Durant tout ce temps, il était convaincu que bientôt « les paroles de l'Évangile retenti raient clairement ici et imprégneraient vite toutes les parties de l'Empire. »

Nicolas se prépara lui—même à son travail. Il étudia le Japon, son histoire, sa religion, ses coutumes et ses traditions. Il voulait savoir ce qu'il pouvait attendre de ce peuple et de quelle manière il pouvait le mieux lui enseigner. Il apprit surtout la langue, tâche des plus difficiles. Selon ses propres mats, « je me battis sept ans avec la langue japonaise, regrettant quotidiennement que les jours n'eussent pas cent heures et les auraient-ils, on ne pourrait les consacrer toutes à l'étude des langues. »

Durant ce temps, le père Nicolas enseigna aussi le russe à quelques indigènes. Il voyait là pour les Japonais une bonne introduction qui les aiderait à accepter l'orthodoxie, dès qu'il pourrait la leur enseigner. Le gouvernement approuva officiellement son enseignement du russe et plusieurs de ses élèves finirent par occuper de hautes fonctions gouvernementales.

Chose étrange, c'est surtout durant ces années où le christianisme était officiellement banni que le père Nicolas fit ses premiers disciples orthodoxes. Il fut un jour confronté à Sawabe, le samouraï et il entreprit patiemment de lui enseigner la foi orthodoxe. Sawabe s'appliqua avec diligence à cette étude. « Dès le jour suivant, raconte Nicolas, je lui révélai l'histoire sacrée de l'Ancien Testament. Il sortit papier et pinceau et s'appliqua à prendre note de tout ce qui lui était dit. Ses objections m'interrompaient presque sans cesse et à leur tour, demandaient une explication. Comme les jours passaient, il opposait de moins en moins d'objections et persistait à prendre en note chaque pensée et chaque nom. J'assistais à la renaissance d'un homme à une vie nouvelle. » Un an après sa propre conversion, Sawabe amena son ami, le docteur Sakai, auprès du Nicolas pour qu'il l'instruisît. Bientôt ils trouvèrent une troisième personne ouverte à la parole de Dieu, le docteur Urano. Le père Nicolas ne voulut pas précipiter le baptême de ses premiers convertis ; car il voulait leur assurer le temps suffisant pour comprendre les vérités de leur nouvelle foi. Il ne voulait pas non plus mettre leur vie en danger : la loi menaçait toujours de peine capitale quiconque adhérait au christianisme. Entre-temps, Sawabe et ses amis, bien qu'ils ne fussent pas baptisés, travaillaient comme catéchistes et prêchaient la Parole de Dieu à leurs amis. Dès 1868, ils avaient trouvé une vingtaine d'hommes et de femmes qui désiraient adopter la foi chrétienne.

Le père Nicolas estima venu le temps favorable à la diffusion du christianisme au Japon. Afin de préparer la base de son enseignement, Nicolas quitta brièvement son troupeau et revint en Russie demander de l'aide. Il n'aurait pu choisir un moment plus opportun ; car le saint-synode, sous la direction de son vieil ami Innocent, maintenant métropolite de Moscou, venait de fonder la société missionnaire russe. Celle-ci se consacrait à aider tous les diocèses et territoires missionnaires. À la réception du rapport de Nicolas, elle agit promptement. Une mission spéciale fut établie avec des dessertes à Nagasaki, Tokyo, Kyoto et Hakodate. Le père Nicolas fut promu archimandrite et nommé chef de la mission.

Le nouvel archimandrite retourna à Hakodate le 22 mars 1871, rapportant de Russie une machine à lithographie. Lui et ses étudiants se mirent à imprimer des cours, des livres de prières et d'autres publications : ainsi naquit la littérature chrétienne au Japon. Ils lithographièrent aussi des icônes ; on peut en admirer certaines encore aujourd'hui aux portes royales des églises de Kushiro, Takasaki et Yanaibara. Hakodate comptait alors à elle seule plus de cinquante chrétiens orthodoxes.

Les disciples du père Nicolas se montraient enthousiastes propagateurs de a Parole, mais il leur fallait de l'aide. Un prêtre-moine, Anatoly Tikhay, se joignit donc à la mission. Nicolas put confier à cet assistant les classes de catéchèse et bientôt toute la mission de Hakodate.

Pour une meilleure propagation du christianisme, Nicolas déménagea à Tokyo en 1872. Peu après son départ de Hakodate, toutefois, les autorités commencèrent à persécuter les chrétiens. Elles firent un procès au prêtre-moine et arrêtèrent les ouvriers de l'imprimerie ; Sawabe et d'autres disciples furent jetés en prison. Des cent personnes retenues pour interrogatoire, pas une seule ne renia sa foi.

Les Japonais prirent vite conscience qu'il était impossible de déraciner la foi chrétienne. Ils abolirent les lois qui l'interdisaient et il fut enfin possible de pratiquer le culte librement. Entre-temps, le père Nicolas avait planifié le début de son travail missionnaire à Tokyo. Il s'installa dans un hôtel, loua un bâtiment avoisinant et offrit des cours réguliers. Plusieurs jeunes gens vinrent étudier à la fois le russe et l'orthodoxie. Lorsque l'hôtel fut incendié, il déménagea. C'est dans le Surugadai, au centre de Tokyo, qu'il trouva un bon terrain pour son église. En 1873, un bâtiment de pierre fut érigé dans lequel on trouvait une église, une école pour cinquante étudiants ainsi que des chambres pour les missionnaires et les enseignants. Devant la croissance de l'école, on dut ériger un second bâtiment en 1875. Là s'ouvrit en 1878 un séminaire orthodoxe.

L'orthodoxie prenait alors racine au Japon. Le père Nicolas célébrait la liturgie en japonais. Un spécialiste de Russie, Iakov Tikhay, vint enseigner le chant liturgique. On publia un hymnaire et d'autres travaux de traduction qui suivirent. En 1879, il y avait à Tokyo quatre écoles ; un séminaire, une école jour catéchistes et des écoles pour les femmes et les servants d'église. Deux écoles séparées pour garçons et filles existaient à Hakodate. On tenait un concile annuel et le conseil des églises de Tokyo, réuni par le père Nicolas, se réunissait chaque semaine.

Il y avait toutefois un problème. Les missionnaires étrangers n'avaient pas accès à l'intérieur du Japon. De nombreux Japonais entendaient la Parole de Dieu, mais ne pouvaient recevoir le baptême ni du père Nicolas ni du prêtre-moine Anatoly. La seule solution était d'ordonner un certain nombre de prêtres japonais. Le père Nicolas demanda à Mgr Paul de Kamchatka de visiter le Japon dans ce but. Le 9 juillet 1875, Paul Sawabe, l'ancien samouraï, devint le premier prêtre indigène du Japon. Son ami Jean Sakai fut ordonné diacre. En 1878, Mgr Martinian de Kamchatka ordonna cinq nouveaux prêtres japonais dans la cathédrale de la Dormition de Vladivostok.

Le séminaire, ouvert dans les années 1870, eut ses premiers finissants en 1882. Il offrait un cours de sept ans aux élèves de seize à dix-sept ans ayant terminé leur cours primaire. On utilisait des manuels japonais en histoire du Japon, en mathématiques, en composition et en littérature chinoise. Des livres russes servaient à l'étude de l'Ancien et du Nouveau Testament, ainsi qu'en doctrine, musique religieuse, histoire de l'Église, géographie et histoire mondiales, physique, psychologie, théologie, philosophie et en d'autres matières.

Plusieurs parmi les diplômés poursuivirent leurs études en Russie et occupèrent des postes importants dans l'Église ou le gouvernement. D'autres diplômés non ordonnés devinrent catéchistes et professeurs de langue dans les églises locales. Ces hommes furent souvent les plus cultivés et les plus savants de leurs villes durant la période meiji. L'influence de Nicolas Kasatkin se répandit ainsi par tout le Japon.

L'an 1878 porta le nombre total d'orthodoxes japonais à 4,115. À un tel taux de croissance, le père Nicolas jugea que l'Église orthodoxe japonaise devrait avoir son propre évêque. Il demanda au saint-synode de nommer quelqu'un de Russie, plutôt que de choisir à même la mission. Mais tel ne fut pas l'avis du synode. Le père Nicolas, archimandrite, était l'homme tout désigné.

Nicolas fit donc en 1880 un second voyage en Russie. Il fut sacré évêque en la cathédrale de la Sainte Trinité du monastère Alexandre Nevsky. C'était le 30 mars 1880, un an jour pour jour après la mort du métropolite Innocent. Il retourna au Japon à l'automne de cette même année. Son retour s'accompagna d'un programme de travail missionnaire encore plus ferme qu'auparavant. Les publications se multiplièrent et le programme du séminaire fut restructuré ; le rêve d'une cathédrale dans la capitale du Japon devint bientôt une réalité.

La construction de la cathédrale de la Sainte Résurrection dura huit ans. Celle-ci fut consacrée le 24 février 1891. Durant la période meiji, c'était à Tokyo l'un des plus grands bâtiments, visible de partout. Sa magnificence et sa beauté inspirèrent poèmes et chansons et des peintres tâchèrent de la saisir sur leurs toiles. Pour tous les Japonais, elle symbolisait l'occident et le christianisme. Elle devint célèbre par la solennité de ses liturgies, la beauté de ses murs couverts d'icônes et la splendeur de ses chœurs, formés de séminaristes, hommes et femmes. Des amateurs de musique venaient de toutes les parties du pays pour assister aux liturgies. Ainsi le chœur de la cathédrale contribua beaucoup au développement de la musique occidentale au Japon. La cathédrale, située maintenant au cœur de l'université, est appelée encore aujourd'hui la « Nicolai-do, » « la maison de Nicolas. »

En 1891, Nicolas quitta Tokyo pour rendre visite à son troupeau orthodoxe dans les autres parties du Japon ; il passa un an et demi à voyager d'une communauté à l'autre. Il fut ravi : les chrétiens partout vivaient conformément à la morale tout en étant réputés pour leur amour et leur sollicitude. Le peuple, bien sûr, s'empressait à recevoir son évêque. Nicolas avait toujours cru essentiel à l'Église le matériel imprimé. De retour à Tokyo, il travailla plus fort que jamais à la traduction de textes pour les Japonais. Sous sa direction, de nombreux livres virent le jour : dictionnaire de théologie orthodoxe, commentaires bibliques, sermonnaires, catéchismes, ouvrages d'histoire religieuse ou de droit canon, livres pour enfants, vies de saints et plusieurs livres de l'Ancien et du Nouveau Testament. Sa maison d'édition, « Ai-ai-sha, » (maison de charité) s'employait à ses travaux. Depuis plus de dix ans, elle publiait un bi mensuel, Les Nouvelles orthodoxes, qui donnait de l'instruction religieuse, de théologie, des nouvelles du monde orthodoxe en général et des églises du Japon. Les séminaristes masculins et féminins lancèrent aussi d'autres revues pour stimuler la propagation de la foi.

Mgr Nicolas espérait que les Japonais prennent part en tout point à leur Église : il voulait donc des iconographes japonais. Après bien des recherches, il finit par inviter deux étudiantes du séminaire des femmes à poursuivre leurs études iconographes en Russie ; d'autres prirent plus tard la même voie. Sous l'impulsion de Mgr Nicolas, l'Église orthodoxe s'engagea dans le travail social au Japon. Le premier hôpital du Japon, Ikuseien, s'ouvrit à Tokyo en 1896. De nombreuses séminaristes diplômées s'orientèrent vers cette forme d'action.

Elles en inspirèrent d'autres, à une époque où l'éducation pour les femmes était encore chose récente.

Malgré tous ses succès, Mgr Nicolas s'inquiétait de l'avenir de l'Église orthodoxe japonaise. Il dirigeait la mission orthodoxe depuis les débuts et malgré son âge avancé, personne ne venait au Japon lui succéder. Il écrivit enfin au saint-synode en 1896, demandant avec insistance un assistant. Des années passèrent, mais personne ne vint. Puis le Japon se trouva dans une situation qui allait empêcher toute aide de venir : la Guerre russo-japonaise de 1904. La mission et tous les Japonais orthodoxes furent haïs et appelés traîtres. L'évêque fut même accusé d'espionnage ; malgré cela il n'abandonna pas son troupeau et choisit de demeurer au Japon. Il laissa son peuple prier pour une victoire japonaise, mais lui — même ne pouvait souhaiter la défaite de sa mère patrie, la Russie.

Il apportait son réconfort à son peuple et lui rappela de toujours s'appuyer sur sa foi. « En ce moment, » leur dit-il, « la voix de l'Évangile de la Paix est noyée sous les cris de guerre. Elle parvient difficilement à l'oreille, mais certains l'ont entendue et acceptée et ceux-là sont des fruits précieux pour le Royaume de Dieu. »

Dès lors l'Église orthodoxe dut accepter une plus grande mission : les secours aux prisonniers de guerre russes. Mgr Nicolas leur donna des livres religieux et même d'autres livres. Il enseigna à certains la lecture et l'écriture. Son œuvre se répandit en une organisation nationale, qui, dirigée par des prêtres orthodoxes, fut d'un grand secours au moral des prisonniers de guerre. On entretint même les tombes de ceux qui avaient laissé leur vie au Japon.

La guerre terminée, en reconnaissance de son dur labeur, Mgr Nicolas fut élevé au rang d'archevêque du Japon. Il poursuivit son activité missionnaire, mais il attendait avec inquiétude l'assistant demandé depuis si longtemps. En mars 1908, Mgr Serge Tikhomirov arriva au Japon. L'archevêque Nicolas fut ravi de ce nouvel assistant et lui enseigna rapidement la langue japonaise. Mgr Tikhomirov était un homme doux et affable que les Japonais vinrent à aimer et à respecter. Mgr Nicolas estima pouvoir mourir en paix ; la cause de sa mission était en bonnes mains.

En 1911, Mgr Nicolas et tous les orthodoxes de Russie et du Japon célébrèrent son cinquantième anniversaire de prêtrise. Il y avait exactement cinquante ans qu'en 1861 il prenait pied pour la première fois au Japon. Au cours de ces années, le nombre des Japonais orthodoxes était passé de 0 à 33,017. On comptait maintenant trente-cinq prêtres, six diacres, quatorze professeurs de chant et cent treize catéchistes ; le séminaire reçut quatre-vingt-quatorze étudiants. L'archevêque Nicolas s'était voué à la propagation de l'orthodoxie au Japon ; il avait fondé une Église nationale pour un peuple qui n'avait jamais entendu parler de Dieu. Il s'assura que les Japonais prennent part entière à la vie de l'Église ; il y eut ainsi des prêtres japonais, des iconographes, des choristes, des enseignants et des architectes. Livres, Bibles, revues parurent en japonais. Nicolas Kasatkin travailla toute sa vie à léguer cet héritage au peuple japonais. À l'âge de 76 ans, Mgr Nicolas acheva son œuvre sur terre. Il tomba gravement malade peu de mois après son cinquantième anniversaire de sacerdoce et mourut le 3 février 1912. Le 10 avril 1970, l'Église orthodoxe russe canonisa l'évêque missionnaire, qu'elle surnomma Egal-aux-Apôtres et l'Évangélisateur du Japon. Il devint ainsi le premier saint de l'Église orthodoxe japonaise. L'Église orthodoxe célèbre la mémoire de Mgr Nicolas le 3 février.

---

[1] Department of Religious Education[1]—Orthodox Church in America, 1981. https://www.oca.org/orthodoxy/the-orthodox-faith/church-history/twentieth-century

[2] *Le Messager Orthodoxe* 55-56, 1971, pp. 63-67.

[3] *Contacts* XXXII, Paris, 1980, pp. 160-170. Traduction de l'anglais par J. B., Sts Kyril et Methody, C.E.S of Juneau, Alaska, Synaxis Press, Chilliwack B.C. Canada, 1976.

[4] Responsable de la traduction française, le père Stéphane Bigham : *Orthodox America, 1792–1976: Development of the Orthodox Church in America*, Department of History and Archives, The Orthodox Church in America, 1975, pp. 49–53.

[5] Ces immigrants étaient originaires de la Slovaquie orientale, la région des montagnes Carpates ; ils sont aussi connus sous le nom *ruthènes* ou *carpato-russes*.

[6] Le responsable de la traduction française, le père Stéphane. La traduction de cet article a été d'abord faite pour « *La fraternité de St-Jean-le-Précurseur* » 3, mai 1985, à partir d'un brocheur maintenant introuvable.

---

1. https://www.oca.org/about/departments/christian-education

www.ingramcontent.com/pod-product-compliance
Lightning Source LLC
Chambersburg PA
CBHW052055150726

48002CB00002B/897